Dan Sociu

Vau

www.polirom.ro

Editura POLIROM
Iași, B-dul Carol I nr. 4; P.O. BOX 266, 700506
București, Splaiul Unirii nr. 6, bl. B3A,
sc. 1, et. 1, sector 4, 040031, O.P. 53

Descrierea CIP a Bibliotecii Naționale a României:

SOCIU, DAN
Uau / Dan Sociu; il. de Ioana Drogeanu. - Iași: Polirom, 2019

ISBN: 978-973-46-7831-0

I. Drogeanu, Ioana (il.)

821.135.1

Printed in ROMANIA

Dan Sociu

Vau

Cu ilustrații de Ioana Drogeanu

POLIROM
2019

It’s like wow
It’s like right now

(Beck, *Wow*)

ce bucurie pe mine cînd te-am auzit
toctoctoc pe scări, dar de fapt era pisica
i se scutura pieptul c-un fel de tocăit
se pregătea să vomite mititica

tu-n oraş cu prietenele tale mişto
ce frumoasă e prietenia la tineri
am strîns cam jumate de kil de vomă maro
nu mai ieşeam deloc în serile de vineri

(ce chinuială să ai 30 plus, 30 plus pe veci
şi să te duci în cluburi de născuţi după '90
şi să te prefaci că te simţi minunat şi că petreci

ce chinuială cînd ești monogam
                                                  și nici nu mai bei
și ganja nu face decît să te bage-n idei
și ideile n-au nici o idee despre ce vrei)

și la vreun an, s-a spart gașca și pentru tine
prietenele s-au ascuns ori s-au măritat
pisica am dat-o înapoi, foarte bine
menta din ghiveciul de pe tv s-a uscat

să fie trei, am mai stat un an împreună
nu adormeam pînă nu te-ntorceai din oraș
fata care-i cu mine-acum poate să-ți spună:
mă culc devreme ca un copil, ca un ocnaș

ceva nu mai merge
mă-ntîlnesc cu prieteni vechi
și merge
dar ceva nu mai merge

parcă nu mai cuplăm
ne vorbim și ne nostalgizăm
dar cumva ne-am uitat

îi văd aceleași cămăși la uscat
pe care le poartă una peste alta din liceu
și mă înduioșează
dar mă-ntorc la viața mea, la golul meu
și nu mai cuplează

pare că-l înțeleg și că mă-nțelege
dar ceva nu mai merge

îți iubesc vocea oricînd dar mă
impresionează adînc
cînd îți amintești de ceva și ești impresionată
cum mi-ai zis o dată
la gara mică, părăsită
cu geamuri sparte, cotropită
de buruieni
din capăt de sat
cu un glas de copil serios
și un pic tremurat –

cînd eram eu mică
și citeam ceva
orice gară pomenită-n
carte asta era –

și-n altă parte –

pe-aici mergeam la școală
într-o iarnă se lucra la drum
și traversam pe o podeață înghețată
tata tușea întruna de la boală
eram săraci,
                    uneori mîncam numai varză murată
și cînd suna cosmin de la facultate
tata nu-l mai recunoștea
cosmin? care cosmin? îl întreba
treceam pe-aici și mă temeam
c-o să alunec pe scîndurile înghețate

așa mi s-a acrit de internet și de cărți
plouă-ntre blocuri, vîntul face valuri pe bălți
nu vreau nimic din afară, nimic din adînc
numai să mă uit la comedii și să mănînc
păcat că nu pot să mușc pe dinții din față
fincă omul e și prost în viață

mi i-am spart demult la un concert rock
cred că nu-mi mai place rockul
aproape deloc
dar cred că-mi place aproape orice cu orez
cîndva doar cînd îl vedeam
și-mi venea să vomez
nici nu spăl vasele, le-oi spăla dimineață
omul vrea și pauze de la viață

încă o iarnă făr-anestezii alcoolice
multe ceaiuri
                  și priviri pe geam melancolice
spre curtea cu un cîine bătrîn și isteric

treziri clare și fără sens pe întuneric
sub cerul alb, lîngă capul ei alb, adormit –
ce-i cu tine, de ce n-ai vrea să fii fericit

plimbări spre frigider, așteptări la aragaz
ninsori însorite ca promisiuni de extaz
și-n aerul alb, curul ei dulce, dezvelit

ce-i cu tine, de ce nu poți să fii fericit

cu împerecherile prelungi și magice
care ca orice magie rezolvă orice
în afară de stricăciunile tragice?

se terminase de două zile războiul între noi
Elena venise de la muncă
și-și făcea în dormitor lecția de muzică pe partituri
și eu, din bucătărie – ce milă m-a luat
mai devreme de doi slăbănogi la vreo 35
boschetari, dar curați, cu haine ok
unul îi zicea celuilalt, și păreau prieteni de mult
ca și căsătoriți cumva, din ton
da, bine că tu nu sugi pula, tu nu ți-o iei în cur
și celălalt a mormăit nu știu ce
pe urmă, la semafor
era seara tîrziu, strada pustie, vînt
înfrigurat și amărît, tot el, bine, lasă
dacă vine ăla, fac eu

ce bine-i toamna că simt mila
i-am spus Elenei și pe urmă
ăsta-i chiar un vers bun și ea
da, păcat că trebuie să-l dezvolți

m-am întîlnit cu Marius Ştefănescu
din gaşca fracturiştilor, care s-a călugărit
la piața de Crăciun, lîngă Universitate
mă duceam să-mi iau un gram de iarbă
n-aveam chef de droguri, m-am scîrbit
de ciudățeală, de frigul chimic și de toate
dar ce altceva să fac într-o seară de iarnă

mi-a plăcut să mă văd cu Marius Ștefănescu
are ochii triști și vii și e blînd
bîrfește călugării de succes, de talk-show
și-i invidiază admirativ pe cei din pustie
nu-l mai văzusem de nici nu știu cînd
am vorbit mult,
                ne-am dus înghețați spre metrou
eu spre dealer, el în Giulești, unde are chilie

După 10 ani, e tot în Berlin, unde s-a mutat la 22 de ani, în anul în care am venit și eu pe acolo. Atît de frumoasă, subțire, cu un ochi mort, care-o făcea și mai specială, entuziastă și furioasă, ambele cu intensitate, mereu în gardă – și acum la fel, dar mai stins, mai matur. Am tovărășit împreună vreo 4 luni, aveam 29 de ani, mă lăsasem de băutură și mă apucasem de droguri. Mergeam cu ea în cluburi, unde intra pe listele DJ-ilor, care o plăceau mult, ieșea în evidență chiar și în Berlin, o dată un puști iranian cu bani, care îi făcea chefurile, ne-a spus că părem pe LSD tot timpul, aveam ceva asemănător, poate de aia nici nu ne-am cuplat pînă la capăt, o singură dată, cînd dormeam împreună, am atins-o și mi-a îndepărtat mîna, dar sigur eram îndrăgostiți cumva unul de altul, am văzut și la ea cîteva semne, deși se ascundea bine și era chiar ostilă de atîtea ori, iar eu am probleme să cred că e ceva dacă nu văd clar. De fapt cred că făcea ca mine, păstra distanțe mentale mari, ca să se protejeze. Totul era frumos și mistic, bîntuiam prin oraș prin zilele întunecate de toamnă și iarnă, prin trenuri și locuri cu oameni noi și mă și simțeam ca o fantomă, postum, e greu de explicat cuiva așa o stare dacă n-a trăit-o, dar eu o știu de mic, e starea de visătorie în care mă simt cu adevărat acasă, nu o visătorie psihedelică neapărat, dar o rupere de tot ce-i în jur, atît de profundă, că, dacă văd ceva din realitatea exterioară, ce văd are aură. Cînd am ajuns la ea, L. tocmai își dăduse demisia din jobul de gunoieră la clubul Berghain, unde se angajase în primul rînd pentru drogurile pe care le găsea pe podele. Nu s-a urîțit, deși se văd nopțile ultimilor zece ani pe tenul ei, dar poate după abstinențe lungi ar arăta mai proaspătă. Altfel, e tot așa de fermecătoare, cu vocea încărcată de o suferință aristocratică, ca o alintare sublimată și intuiește orice cu aceeași acuitate. Dar pe la trei dimineață, după ce am fumat cu ea mult hașiș, în timp ce vorbeam în bucătărie la distanță de un pas mare unul de altul, cînd s-a lăsat pe spate, am văzut-o pe alta. Era o cu totul altă femeie, cu alte trăsături și vocea cumva diferită. O femeie mai banală și mai pămînteană, dintr-un orășel de provincie, care a renunțat total la sofisticare și vorbește normal și așezat, realist și așa mai departe. Aproape că o și știam pe femeia aia, sau cel puțin tipul ei, iar ce spunea și tonul pe care vorbea erau diferite de cele obișnuite ale lui L. Dacă a fost o halucinație, a fost una lungă și ciudată, dacă pot să zic așa, ciudată pentru că era foarte firească, fața cealaltă stătea acolo perfect, nu erau contururi schimbătoare, nu se transforma și în altceva, doar dacă se ducea L. înainte cu corpul, îi apărea fața pe care-o știam, dar și atunci se ducea iar în chipul provincial, de care de altfel îmi plăcea. Nu m-am speriat deloc, nu m-am gîndit că am înnebunit, cum nu mă mai gîndesc de mult la asta, pentru că văd fapte obiective, văzute și de alții, dar m-am gîndit că-i văd umbra, ceea ce o să devină? sau cea de care s-a ținut departe. Asta scriam despre o parte din perioada aia într-o ficțiune pe net – mi se pare comic acum că mi-era frică de ea, dar ce calde mi se păreau prin contrast gesturile ei pozitive:

„Din
septembrie pînă
  la
sfîrşitul lui octombrie, n-avusese deloc
căldură în
  apartamentul pe care-l
subînchiriase de la Maximilian, un
  neamţ de 30 de ani, cu
un început de chelie în creştetul
  capului şi figura unuia
de 40, dar cu o atitudine făcută
  de puşti dezinvolt.
Muzician ratat, inginer de sunet la un

studio de film. Lumină
avea numai în bucătărie, deci
  acolo dormea, pe o canapea distrusă,
culeasă
probabil de
  pe stradă
de fostul chiriaş. Prin camera cealaltă trecea
  doar, la început, în
drum spre balcon, cînd prindea cîte
  o dimineaţă mai caldă.
Încerca să se relaxeze, să-şi
  bea ceaiul la soare şi să-şi mănînce

tartinele. Să-și
facă tabieturi, ca să se simtă mai acasă. De
fiecare
   dată, după cinci minute
se întorcea în bucătărie.
   Prefera să mănînce acolo, printre saci cu
materiale de
construcție, sticle reciclabile și gunoaie. Nu
avea
încă
   o oglindă, dar
se bărbierea zilnic în reflecția sa
   neclară, din fereastra
deschisă, sprijinită de perete.
   Cînd ieșea pe casa scărilor, era o oglindă
mare lîngă
   ușă și
acolo se putea vedea aproape în întregime.
   Uneori urca înapoi trei
etaje și schimba cîte ceva.
   Descoperea tot timpul zone bărbierite
prost, la
colțurile
   gurii, pe
gît. Intra sau ieșea cîte un vecin și i se
   făcea rușine. Nu voia

să dea impresia că se admiră, se
apleca și se prefăcea
că-și leagă șireturile. Nu avea
nici duș și se spăla
într-un lighean, în baia
strîmtă. Suferea de frig, stropea pereții
cînd se
clătea. Se
speria cînd auzea voci pe hol, lîngă ușă,
dădea muzica mai tare,
să le acopere. Apoi mai încet, ca
să nu fie prea tare,
să-i supere pe vecini. Nu avea duș
pentru că Maximilian,
cel de la care subînchiriase, nu
avea chef să cheltuie pe îmbunătățiri. O
lege
berlineză spune
că dacă ai ocupat, la începutul anilor
'90, un apartament
părăsit și l-ai păstrat mai mult de x
ani, după x ani e al
tău. Maximilian mai avea puțin de
așteptat, iar între
timp, ciupea ceva bani din chirie. Nu
făcea nimic, doar trecea

pe acolo la începutul lunii și
colecta. Îi promitea mereu că o să-i aducă
o
veioză,
pentru camera
cealaltă. De fapt, ar fi putut să-și
cumpere una și fără
ajutorul lui Maximilian. Ar fi putut
să-și cumpere și o
oglindă din Flohmarkt. Și încă o
lingură, o farfurie și
o furculiță. Dar drogurile se
gelozesc dacă le strici banii.
Erau însă și
momente,
care se
prelungeau uneori pînă la ore, cînd nu-și mai
revenea din sperietură.
Vocile de pe hol se auzeau la fel
de clar, oricît ar fi forțat butonul rotund de
volum al
subwooferului. Și nu-l speria atît că erau la fel de
clare, mai degrabă că
erau tot timpul la fel de discrete.
Oricît ar fi forțat
butonul rotund, conversațiile de pe

casa scărilor ajungeau
nealterate pînă la urechile lui.
Conversațiile erau doar
monoloage scurte, de cîteva
secunde, după care se mutau la etajul
următor,
dar
creierul său le
păstra, nealterate, în bucătăria rece.
Mame care le vorbeau
copiilor în germană, bărbați care
le vorbeau cîinilor în
germană. Își cumpărase boxele
de la Flohmarkt, într-o după-amiază
friguroasă de
duminică. Se apropia ora închiderii și
tarabagii își
strîngeau marfa. Lăsau
în urmă ceea ce nu mai aveau chef
să ducă înapoi acasă,
uneori cam tot ce nu vînduseră.
răscolea prin cutiile și sacoșele
abandonate.
Rareori
își lua cîte ceva, dar era distractiv. Le-a
văzut cu colțul

ochiului, argintii, strălucitoare. 7 boxe
minunate. S-a apropiat de
proprietarii lor. Cereau 15 euro
pe ele. În orice alt loc din lume ar fi fost
considerate
mama
chilipirurilor. Nu și în Berlin. O pungută
dolofană de iarbă. Trei
pastile. Două tripuri. Trei,
chiar. O intrare la un club. Două mese la
vietnamezi. Să
fii
nebun să arunci banii pe obiecte. A făcut
cîțiva
pași mai departe, s-a
întors. Nu i-a părut deloc rău.
Lăsa muzica deschisă
și cînd era în casă și cînd
ieșea. Să aibă grijă și de singurătatea
pereților,
cum aveau
și ei de a lui.
Beaturile
din amintire îl ajutau
să-și reconstruiască trecutul. De
fiecare dată cînd mai

recupera o secvență la filmul
Berlinului, simțea că lipsește ceva. Mergea
dintr-o parte
în alta
a orașului, cu metroul, însoțit de cineva, dar
nu reușea să-i
reconstituie nici vocea, nici figura, nici
numele. O simțea doar
lîngă el, de multe ori ca pe o
prezență agresivă, dar de care se simțea
legat.
Mărșăluiau
împreună prin frig, alergau pe sub poduri,
ascultau muzică, mîncau
față în față noaptea, în
dughene turcești. Auzea ritmurile orientale,
nostalgice,
simțea
cum i se dezgheață mîinile la căldură, rîdea
fericit, simțea că
rîde împreună cu cineva, simțea
complicitatea, își
amintea și unele vorbe pe care i le
spunea, dar în memorie
nu era nimeni.

Într-o noapte,
în
Kreuzberg, s-a
văzut pe el însuși la 18 ani, în

anticamera unei bănci.
Pe podea, între bancomate, pe o
haină îmblănită, stătea ghemuit un puști cu
părul
creț. S-a
oprit pe trotuar, după ușile de sticlă ale
băncii și l-a privit
fix, rugîndu-l, tăcut, să se
trezească și să-și ridice capul. După
cîteva secunde,
puștiul a făcut-o. Avea figura lui de pe diploma de
bacalaureat, cu
mustăcioară.

Prima și a doua
oară
cînd a luat
acid, a adormit și s-a trezit
dimineața, în același
loc, fără nici o amintire și
aparent fără nici o schimbare. A treia oară

era într-o
    stație de
U-Bahn. Era cu fantoșa aceea din majoritatea
    amintirilor berlineze.
Simțea că are încredere în ea,
    că se simte în
siguranță cu ea alături. Ea? Ceva îl
    făcea să creadă că
era o femeie. Era extrem de agresivă
    de multe ori, ca un
bărbat, dar nu era un bărbat. A pus
    timbrul sub limbă și a
așteptat zece minute. Era în
    stația de U-Bahn, dar era și în București, la
metrou la

Universitate, într-o seară de vară. O seară
plăcută,
    canicula se
mai domolise, venea de la job și urma să se
    întîlnească, la o
terasă, la o bere, cu Cimmeria și
    cîțiva prieteni. Nimic
din toate astea nu era vizibil, nu
    era un decor care s-ar fi
materializat deodată în jurul

său. Dar era mai mult decît o simplă
senzație, decît o
nostalgie foarte convingătoare. Apoi a
început să se
euforizeze ca de la
alcool. Nu mai simțise asta de doi ani,
era minunat. Și o iubea
pe Cimmeria cu aceeași dragoste
luminoasă de dinainte de spitalizare. Fantoșa
era în
continuare
lîngă el. O percepea acum ca pe un copil
fericit, care tocmai îl
trăgea de mînă în interiorul
unui tren galben.
A
doua zi
i-a scris Cimmeriei un mail
în care o implora să-l
ierte și să fie
împreună din nou. A stat toată noaptea
în bucătărie și a
citit, rulîndu-și joint după joint.
Din minut în minut
tresărea, fericit, sau disperat, după
cum îi fluctuau

gîndurile. O să zică da – urmau
    scenariile de după da,
val după val de plăcere
    fantasmatică. O să zică nu – și i se
încleștau
maxilarele. A doua zi dimineață s-a dus la
internetul
cafe
    de la colțul
străzii și a citit răspunsul ei. Îi spunea

că și-a făcut cu o zi
înainte testul de sarcină și că
    o să aibă un copil cu
un alt bărbat. Maxilarele i s-au
    încleștat și cei șase dinți pe care și-i
pusese în
    România,
înainte de a pleca, i-au țîșnit afară.
        Cînd îți cad
dinții
    în vis,
înseamnă că o să moară cineva din familie. Dar
    dacă îți cad în
realitate, fără ca nimic să-i fi
    atins, în afară de

înțelegerea profundă, fizică, a
sfîrșitului?
De cînd primise
răspunsul Cimmeriei,
își descoperise un fel de capacitate
specială. O nebunie
confirmată în fiecare zi, matematic.
Lumea era influențată
direct de stările conștiinței
sale.
Dacă era
somnoros,
mașinile se mișcau mai încet, oamenilor de pe
trotuare le cădeau cu
regularitate obiecte din mîini și
nici nu se opreau să le
ridice.
Dacă era
trist, și era deseori, ploua și se
întuneca devreme.

Dacă era furios,
lucrurile o luau razna, pe panourile de
știri din gări apăreau
numai vești despre catastrofe.
Cobora într-o seară pe Danziger și și-a

amintit deodată
cum,
în copilărie, a căzut într-o groapă cu apă
 înghețată în
șantierul abandonat din spatele blocului.
 Amintirea l-a oprit în
mijlocul trotuarului și l-a făcut
 să zîmbească, amar. O
vulpe, venită probabil din
 Tiergarten, a apărut printr-un gang, s-a oprit
în mijlocul
intersecției și a blocat circulația.
 Cînd s-a
despărțit
 de
Cimmeria, a început criza economică.
  Cînd era
liniștit,
 lumea era
liniștită, cînd băga multe droguri, întreaga
 lume o lua razna, vreme
de cîteva zile.
  Începea să
înnebunească. Începea prăjeala.
 Fusese într-o
 noapte în Regenzentrum

și luase înainte cîteva linii de
MDMA, jumătate de timbru
și fumase multă iarbă. Pe
podeaua uneia dintre sălile clubului era o
zonă
cu dale
argintii și
se plasase acolo și dansa, convins că
pe dedesubt trece
metroul. O parte din noapte a mixat
Raumschmiere și de cîte
ori ducea mulțimea pînă aproape
de apoplexie și uita să
o mai coboare, Caspian simțea
încă un tren trecînd pe dedesubt.
Însoțitoarea lui,
fantoșa, dispărea în mulțime,

dar din cînd în cînd
se apropia și el îi
arăta dalele. Își amintea cum îi
striga ceva, pe deasupra
muzicii, și apoi o simțea foarte
aproape, pășind pe
ipotetica gură de aerisire. Se gîndea
că dimineață, cînd

trebuia să plece, nu aveau de făcut
decît cîțiva pași, de
coborît o scară probabil, pînă
la stația de metrou de
sub ei. Dimineață, cînd s-a
făcut lumină afară și s-au deschis ferestrele
clubului
a înțeles
că aveau totuși ceva
mai mult de mers pînă la tren.
Deasupra peronului, cît au așteptat sosirea
trenului, au
auzit,
clar, cîteva minute, uzina lui Raumschmiere,
deschisă pentru
producție.
În
octombrie a plecat pentru
două săptămîni într-o țară
din nord, din capătul lumii, iar cînd s-a
întors,
apartamentul
arăta cu totul altfel. Era cald peste tot,
erau saltele pe jos, în
dormitor un șir de beculețe verzi
atîrna pe perete, toate

colțurile erau decorate ingenios,
pe treptele unei scări
de lemn, de zugrav, cineva așezase
o pereche de pantofi
negri de damă, cu toc. Unul pe o
treaptă și celălalt pe treapta următoare, ca
și cum o
femeie
invizibilă ar fi urcat scara. Și în mod evident,
nu Maximilian fusese cel
care îi aranjase casa.
  Nu
fusese niciodată
atît de singur. În primele trei luni, nu atinsese nici
o altă ființă vie,
doar un cîine la o petrecere de la
  marginea orașului. Nici
măcar în metrou sau în tramvaie,
  berlinezii păstrează
distanțe clare între ei. Nu avea
  internet, pentru că
Maximilian nu avea chef să-i pună și
  actele de închiriere
erau la el. Nu vorbea la telefon cu
  nimeni. Într-o noapte,
l-a agățat în Friedrichshain o

fată din Spania, Bertha, micuță, cu figura
îmbătrînită oribil de
droguri. S-a lăsat dus de ea în
hostelul în care lucra și a stat acolo trei
zile. Aveau un
borcan
plin cu iarbă și în aceeași cameră mai dormea un
spaniol, Rafael, care nu
spunea niciodată nimic și le
gătea paella. Cînd a intrat în ea, a simțit
ceva
asemănător
eliberării din clipa cînd, cu cîțiva ani
înainte, în spital,
i-au scos sonda din nas. Era prinsă
pe nări cu un leucoplast
care se dezlipea des din cauza
căldurii și tubul de plastic i se clătina în
gît, îi
atingea
pereții esofagului și îl înnebunea. Nu mai
trăise așa ceva nici
cînd făcuse prima dată dragoste,
în adolescență.
Simțea că se reconectase la ceva
esențial. Că înviase.

Lumea se liniștise și se culcase
la picioarele lui. Dar nu
suporta să o privească pe Bertha
mai mult de cîteva
secunde, i se făcea frică și milă de ea,
părea că poartă pe
față una dintre măștile alea
japoneze ale Răului, dar mai mult

îi era că ea îi vede privirea și o doare. A dispărut
cînd s-a
terminat
borcanul. Au
urmat alte luni de singurătate. Dacă nu punem
și fantoșa la
socoteală. Dinspre care simțea uneori
venind spre el valuri
reci de ură.
Își întinse
încet picioarele,
dezmorțindu-le. Muzica i se opri brusc
în minte. Pe ușa
neglijent vopsită a balconului se
opriseră din drumul lor
cîțiva gîndaci. Cînd a
ieșit din meditație, s-au pornit mai departe".

numai cînd suferi te iubești
ți-e milă de tine
cînd îți crapă țeasta de durere
cînd și perna-i ostilă
și parcă-ți mai trece cînd stai în picioare
dar cîte ore din noapte să stai în picioare
și te bagi în cadă să pui și plăcere pe tine
să se concentreze mintea pe altceva
și poate și să-ți treacă
și-ți trece, plăcerea, dragostea neumană
a apei fierbinți, mîngîierea ei pe ceafă
pe spate, nici un pic mîngîiere adevărată, de om
dar aproape de adevăr, destul de aproape
cît să-ți dilate venele-n cap
și să-ți treacă, chiar dacă după ore,
dimineața, și-apoi

cînd te vezi în oglindă, c-un fes urît pe frunte
și te uiți în ochii tăi noi, de copil
de cînd nu te-ai mai văzut așa
și lași buza de jos, ca un copil supărat
atuncea te iubești, atuncea ți-e milă de tine
și te ierți pentru tot

și ce-am mai ținut minte din Veneția?
că-acolo lîngă apă se doarme foarte bine
și că s-a dus ca-n somn și tinerețea
în murmurul îndepărtat de voci străine

la vînt, se clătinau gondolele în șiruri
și tu te agitai mușcată ca de-o streche
să cumperi la colege suveniruri
să nu stăm liniștiți ca-ntr-o pereche

să nu cumva să fim turiștii proști
care se pupă și se pipăie pe-alei dosite
oricum eram deja aproape niște foști
și n-aveai chef de romantismele bășite

și ce-altceva? negri superbi, odată regi
vindeau pe-un pod poșete fakeuite.

sîntem doar momente sau
momente, e adolescenta
care trece pe skate maiestuoasă
și face opturi și fente unduioase, lente

sau tot ea care trece
pe-aici, fără skate și pășește
egal, se și grăbește un pic și
mă lasă rece

Era abia 8 și filmul era la 9. N-aveam nici o plăcere să-l văd, dar n-am de obicei nici o plăcere a anticipării. Numai cînd mă drogam, și înainte, cînd beam, așteptam cu nerăbdare începutul serii, întîlnirea cu ceilalți, ritualurile, prima gură, primul fum. Fututul îmi place, dar nu-l anticipez cu plăcere. Cînd am chemat prima oară o prostituată acasă, atunci am fost emoționat ca un adolescent. Ce să fac pînă la 9. Am sunat-o pe gagică-mea, să văd dacă a ieșit de la job, să o chem la film. Avea telefonul închis, mi-am zis c-o s-o sun iar într-un sfert de oră. Dar ar fi fost bine și dacă nu răspundea deloc, o sunam pe fosta mea. Mă văzusem cu ea pe la 6, ne-am plimbat puțin, am mîncat o prăjitură împreună. Mi-a povestit că într-o clasă din Urlați unde s-a dus să-i învețe egalitatea de șanse, că ăsta e jobul ei, e o fetiță cu sindrom Williams pe care o chinuie colegii. Nici nu vor să stea cu ea în bancă, o maimuțăresc și ea e toată numai încredere și emoții pozitive. E îndrăgostită de un băiat din clasă și spune – eu încă mai sper, eu îl iubesc. M-a înfuriat cînd a zis de copiii ăia și nu numai pentru că și pe fiica mea o chinuiau la școala primară, pentru că era deșteaptă și închisă în ea. Mă înfurie și mă întristează lucrurile astea, îi simt deodată pe părinții copiilor ălora, simt genul ăla de oameni. Sînt oameni cu care simt că am ceva personal, că sînt dușmanii mei personali. I-aș bate, le-aș fute pumni și șuturi în cap. Dar mai mult m-a înmuiat, mă întristează multe în ultima vreme, mi se face milă și mă panichez că de fapt realitatea e rea. Am tot zis și am gîndit și am scris asta, dar acum începe să fie adevărat și e mai dur decît orice am zis și gîndit. Nu e nici măcar extrem, nu e neapărat cu durere intensă, cum a fost cînd am avut pancreatită. Nu e nici trist. E ca un trotuar pe lîngă Gara de Nord într-o după-amiază de vară. Unii stau sprijiniți de gardurile de tablă, mănîncă semințe, fumează. Nu au nici un sens. Miroase a cîcați uscați și nu știu ce caut pe acolo, dar nici nu vreau să merg acasă. E cald și fără sens. Nimeni nu mă iubește și nu iubesc pe nimeni. Nu pot să mă opresc la o terasă să beau o bere, nu mai beau, n-am nici o consolare. Nu e nici un dezastru încă, e urît și atît. Cînd îmi povestea de fetița aia, fostei mele i s-a pus o peliculă de lacrimi pe ochi. Ar fi trebuit să zic ceva afectuos, dar n-am zis. Acum, cînd scriu, ascult Raumschmiere pe youtube, live. Mă mai uit la el cînd mi se taie cheful să continui și mi se tot taie, nu mai văd deodată nici un motiv să scriu. Mă uit la el și-l văd ce rablagit e. Ce se aude e puternic și vital, dar nu-i iese acum din butoane, e de mai demult. Poartă un mulaj după pula lui de altădată. Nu-i văd ochii, dar știu ce aș vedea în ei. Înrudirea cu moartea, ca la fosta mea, uneori, pentru că ea încă nu e acolo, dar pe la 7, înainte să ne despărțim în fața la TNB, am văzut asta, i-am văzut ochii și dinții mici și bătînd spre cenușiu și fața nu atît de proaspătă. M-a întristat, m-a deprimat. Orice mă deprimă în ultima vreme și nu văd să fie vreo schimbare. Mi-era foame și, pentru că mai aveam o oră, m-am dus în Amzei, să caut ceva de mîncare fără carne, pentru că era vineri. Mă țin de regula asta, miercuri și vineri fără, ca o structură. Pentru cine scriu eu toate astea. Ce-am vrut întotdeauna a fost să fiu lăsat în pace și să sufăr. Am o plăcere din asta și o vreau.

copacii se zbat să se rupă și să plece
pare că-ncepe la copaci o epocă epică
cu fruntea sprijinită de fereastra rece
privesc vrăjit furtuna, dar o minte sceptică
din mine urmărește și îmi evaluează
plictisită pretențiile de participare mistică
la scene ce de mult nu mai contează
nici măcar ca sursă inspirațional-artistică

în spatele meu în pat a adormit răscrăcănată
o fată care-a renunțat de mult la grația de fată
eu însumi am îndepărtat-o de bucuriile grațioase
și-am corupt-o spre plăcerile maturității groase –

a mîncat gras, ne-am futut pe furtună
și-acum bălește leșinată
curul ei greu îndoaie salteaua,
abia de-o atingea altădată

mi-era foarte somn și mereu adormeam
într-un tren peren, de neoprit, legănat
într-o noapte eternă, în pernă, la geam
de somn, foarte somn, ca de somn înecat

cădeam în somn și trenuri paralele
treceau urlînd povești îngrozitoare
despre un viitor din care ele
se-ntorceau înspăimîntate, înspre care

legănat în perna moale mă duceam.
scurt, ca după un rapt, mă trezeam scuturat
de presimțiri sinistre și iar adormeam
greoi de somn, somnul greu, de înecat

cînd ies uneori prin vechile guri de metrou
ce știam prea bine mi se pare-aproape nou
coboram la Dristor, acum cobor la Obor
coboram în Berceni ca-ntr-un cuib, nu mai cobor
mă uit cum dispar stațiile vieții mele
bezna din tunel e mai reală ca ele
de la Eroii Revoluției la Titan
an după an după an după an după an
și-același adevăr total în fiecare
și-n fiecare loc aceeași scufundare
și dragostea, de cîte ori mă lua de mînă
simțeam cu toată inima c-o să rămînă
rămîne doar plutirea asta întristată
peste cartierele mele de altădată
poate-așa e să fie, să treacă, să doară
poate-i un sens aici, înc-aștept să apară

m-a privit de trei ori în aceeași seară
și era o privire de-aia, transparentă
pe-urmă a așteptat în fața mea, lîngă scară
pe urmă s-a tot foit lîngă bicicletă

sub un stîlp cu bec și-un roi de musculițe
îmbătate de lumină, bete criță
de posibilitățile luminoase ale unei
seri de vară
de tînjirile dureroase dintr-o astfel de seară

a luat bicicleta de ghidon
a-ntors capul și iar m-a privit
la femei nu cred că am avut ghinion
dar nici prea des noroc așa tîmpit

cu-așa o femeie, așa o frumusețe
chiar și cînd m-am apropiat, dus de impuls
și-am văzut că era trecută de tinerețe
că nu văd bine la distanță

și idealizez des dar și cînd s-a dezidealizat
am continuat să zbor spre ea cu aroganță
ce lent și fragmentat narez
dar ce repede și fluent s-a-ntîmplat

am luat-o tare, i-am spus
eu, care nu urmez genul ăla de impuls
genul de impuls care m-a-mpins spre ea
i-am spus, calm ca niciodată

te-ai uitat la mine, și nu doar o dată
și ea
m-am uitat la mai multă lume
m-a-ntristat că umbla cu dume

că minte, era așa de clar mai-nainte
că mă place, că se uita la mine că mă plăcea
și-acum se prefăcea că vrea să plece
și se dădea inabordabilă și rece

dar nu era deloc rece
era, vedeam, expresivă și caldă
și eu calm și inexpresiv
cum simțeam că ar vrea să mă vadă

și ea repede, imediat
după ce mi-a zis că nu numai la mine
                                        s-a uitat
deși aici, la lectură, totul e întîrziat
repede, imediat, m-a-ntrebat

ești beat?
stăteam la doi pași de ea, treceau
mașini, n-am auzit
ce zici? am întrebat

te-am întrebat dacă ești beat
și eu i-am zis că nu beau
de ce? și s-a strîmbat
s-a gîndit că sînt un plictisitor

care nu bea și se-ngrijește și e plictisitor
de ce nu bei? m-am lăsat,
                        mi-a explodat pancreasul
de ce ți-a explodat?
nici nu știu ce face pancreasul

și parcă s-a mai apropiat ușor de mine
pentru că i-am văzut ochii mai bine
ochii ei negri, întunecați
fața ridată și ochii încercănați

dar asta a fost doar o clipă
zborul meu scurt și-a pierdut o aripă
cînd s-a-ntors și s-a urcat pe bicicletă
am simțit că-mi slăbește, cum s-ar zice,
firul la mulinetă

și-aroganța mea s-a făcut ferfeniță
i-am întors și eu spatele subit
du-te dracului de tizăriță
tot tupeul mi s-a fîsîit

poate c-ar fi vrut s-o opresc
s-o mai țin, să-i mai vorbesc
dar niciodată la viața mea
n-am tras de nimeni să mă vrea

nu voiam dragoste, nici măcar un futai
nu voiam s-aud că spune hai
nu voiam decît s-o mai privesc
că de-obicei nu mă fut decît cu cine iubesc

mi-ar fi ajuns să spună că da
s-a uitat la mine că mă plăcea
dar nimic mai mult
aproape nici un gînd mai ocult

că și eu mai fac așa, mai fantasmez
că încă pot să luminez
măcar cît doar să vrea să zboare
spre mine-o musculiță-adoratoare

că știu cum e să fi fost frumos
cum e să fi fost tînăr și luminos
și deodată să nu mai fii
și măcar puțin puțin să învii

de la o privire ca altădată
dar fantezia s-a stins deodată
și-n mai puțin de-o clipă, într-o clipită
am rămas ca un bec spart
pe-o stradă părăsită

dar nu eram cu-adevărat
pe nici o stradă părăsită
țigăncile grase în capoate tigrate pe trotuar
la o țigare
cu țiganii lor bătrîni cu părul alb
și barba-ngălbenită
își odihneau mîncarea
dup-o dup-amiază cu grătare

puștoaice negricioase, în maieuri albe
cu buric și nerv
în cracii subțirei și-n voci,
dansau cu telefoanele iluminate
mai mult le auzeam
și uneori puteam să le și-observ
cînd le scoteau patrulele de noapte din
obscuritate

le făceau pe fete vedete cu lanternele,
                    în vise scurte, de-un flash
trei luni de vară înfierbîntaseră aerul și
asfaltul ca-n Marrakech
ardea pielea pe ele mai viu ca aurul pe inele,
ardea tinerețea
trecuseră ani lungi de cînd murisem și-mi
trecuse de mult și tristețea

vieții în afara vieții, cînd încerci să atingi
pereții și simți că-i atingi
dar sînt așa de ireali c-ai putea să te lași pe ei
și să-i împingi
ca pe nimic, ca mimul într-o pantomimă,
cînd nu e chiar nimic de-mpins
ca un berserker pe cîmpul gol de luptă cînd
nu mai e nimic de-ucis

încă mă agitam prin realități,
                    dar cu adevărat golit de realitate
nici nu încerc să spun și nici nu se poate,
                    din fericire sau din păcate
mortul care umblă printre vii n-are decît ca
viii aceleași cuvinte
și ce-ar avea să le spună le-ar face viilor
goluri nesfîrșite în minte

dar mai bine povestesc, cum am făcut mereu,
doar suprafața infernelor
pentru că ăsta e și iadul meu, căderea mea –
coruperea suprafeței
eram mai lipit de prezent decît fetele alea de
lumina lanternelor
ziua era a zilei, noaptea a nopții
și dimineața numai a dimineței

trăiam în acum, pentru acum, lipit fără rest
pe ce se simte și se vede
și știu atît de bine că numai cine-a trăit așa
mă-nțelege și crede
pe ceilalți vă țin minte vag, vă risipeați în săli
de clasă întunecoase
cuminței și spălați, orientați și ordonați și
speriați, cu unghiile roase

la sînge de frica zilei de mîine, de poimîine,
de răspoimîine, de frică
vi se ducea pic pic viața din voi, vedeam
psihoparaziții cum vă strică
cum vă posedă umbra lor, cum vă lăsați
stricați, cu supușenie de cîine
sclavii invidiei lor, hipnotizați ai promisiunii
zilei de răspoipoimîine

eu plecam pe loc de unde nu-mi plăcea și
unde îmi plăcea stăteam pe loc
aveam numai scopuri vii, de-o clipă, să
găsesc pe jos înc-un chiștoc
să mă mut doi pași mai înspre soare,
să bat orașul după fețe zîmbitoare
să-mi găsesc seara unde să dorm sau să mă
las toată noaptea dus de picioare

mă hrăneam numai cu vodcă și bere și
uneori cîte-un hotdog de plăcere
n-aveam bani și mă durea în cur, ce n-aveam
aș fi putut oricînd să fur
dar nu voiam nimic, să merg, să zac, să
citesc, niște tovarăși și-aceeași zi iarăși
și iarăși, cînd nu era soare, era căldura din baruri,
rîsete și somn oriunde cu bocancii în picioare

și-apoi Ștefan fotograful m-a luat în casa lui
fără curent și apă, cu pereții reci
trei ani am retrăit acolo iernile copilăriei
socialiste din anii optzeci
cînd toată familia dormea în aceeași cameră,
la grămadă și acum grămada
erau Ștefan, fetele Didi și Anto și Cici, Bogdan,
Gabi, Daniel și Dorin și pisica uriașă Rada

și ei erau cea mai bună din bulele mele cu
oameni, o bulă totală, ca toate în care intram
că erau mereu mulți alții, bule permanente și
grupuri de-o clipă, aproape la fel le iubeam
cum iubeam aproape la fel totul, fiecare zi
era ziua și orice moment era bula totală
mă dădeam vieții cu botul întins, dar numai
vieții vii și de-aia nu mergeam la școală

de pe la 12 ani, cînd am rămas fără tată, și
m-am eliberat, din fericire și din păcate
de stăpînirea lui severă, din încă șase ani de
școală, am fost prezent zece luni adunate
cînd eram acolo, eram cu privirea sub bancă,
în vreo carte cu-aventuri și nimic
din ce spuneau sau încercau să-mi spună
nu-mi schimba inima nobilă nici un pic

și eram încă prea mic, pentru că din liceu, de
printr-a zecea, m-am eliberat de tot
și veneam pe la școală doar să mă distrez și
să mai iau cîte-un zece, să le arăt că pot
nu învățam nimic niciodată, doar mă duceam
direct în bazele lumii și mă-ntorceam
în aceeași clipă cu rezolvarea, foștii mei
colegi pot să spună, fix așa eram și făceam

m-am născut să fiu cavaler, poetul războinic
amant desăvîrșit apărătorul celor sfinte
cel care-i vrăjește și-i liniștește și-i stîrnește
și-i trezește la viață pe toți prin cuvinte
cel în preajma căruia oricine se simte bine și
uită de orice temeri mărunte
realistul suprem, care stă liniștit cu
picioarele-n hău pe vîrful oricărui munte

că știe că hăul poate să fie de o mie de
kilometri adînc, nu contează
contează doar că stînca-i solidă, că vîntul
bate lin și că mintea e trează
și pentru că știam că viața mă ține, beam la
Deva, pe ruine
cu picioarele-n hău, la fel în Iași în Tîrgușor
în campus, pe cămine

vedeam că viața mă vrea,
            coboram pe skateboard pe autostradă
kilometri prin ploaie, noaptea, printre
mașini, viața însăși nu voia să cadă
băiatul ei deștept și frumos, puștiul curajos și
cînd tot aluneca
pe scîndura udă și roțile tremurau pe asfalt
și-atunci încă-l voia

fără oprire, printre faruri, cu picioarele
înfierbîntate, ca de fiecare dată
cînd aveam o misiune și-acum misiunea era
să-i duc bunicii înghețată
două vafe-ntr-o sacoșă,
                    într-o încercare nebunească
să ajung în sat cu ele
                    pînă-ncepeau să se topească

acum știu că sînt slab ca o pală de vînt,
inconsistent ca un cuvînt
pentru că știu că sînt atît de concret, din carne
și timp și pot fi frînt
în două de moarte acum
                    cum ar suna telefonul deodată
pentru că era să mor cu-adevărat și familia mea
a murit aproape toată
și bunica mea diabetică, de-i duceam pe ascuns
                                        înghețată
a murit, săraca, și-nainte să moară m-a-ntrebat
dac-am mîncat

și-a murit și tatăl meu
și mi-a strîns mînuța lîngă salvare
și-a murit și bunicul cu toată firea lui
zîmbitoare
și-a murit și nenea Ion, ce l-am iubit și pe el
și-l iubesc
îmi vine să-i plîng mereu că nu mai trăiesc
și nu-mi mai vine nimic
nimic nu-mi mai vine
s-au dus și zilele alea cu adevărat pline
cînd trăiau și-i simțeam în lume
cînd ne certam
și cînd rîdeam și făceam glume
și mă iubeau și îi iubeam și străluceam
pentru ei, pentru că avea cine să mă vadă
dormeam vara toți în livadă
pe plăpumi pe iarbă, sub pilote, sub crengi,
la aer
și se porneau cîini-n sat sau se-auzea cîte
un vaier
și bunica, sperioasă, se îngrijora
și bunicul somnoros morocănos o liniștea
și capetele ni se scufundau în perne, grele
sub spațiile-ntunecate dintre stele
ni se auzeau apoi numai respirațiile

și greierii și broaștele și-apoi nici ele
numai tăcerea din vise, misterioasă
și-n oase căldura animală de acasă

în ultima perioadă a morții mele
stăteam mult pe facebook
și vorbeam cu femei, mai ales tinere,
iar ele încercau să scape de mine, unele
speriate că le trag, altele voiau să mă tragă
înapoi
și altele nu știau nici ele, ezitau

sufletul lor viu se chinuia pe ascuns
să mă convingă să le las în pace, îmi
transmiteau
mesaje disperate în cîntece dar
dragostea lor de moarte
voia să le conduc în lumea nouă

moartea are mai multe etape, să ne putem
obișnui,
lumea vie, familiară, se transformă treptat, subtil,
cu atîta delicatețe, că omul nici nu știe c-a murit

e o despărțire lungă, de ani de zile
și participă la ea sute și mii de alte ființe,
locuri și întîmplări, totul ca o pregătire
pentru saltul peste durerea și stranietatea de
neînchipuit a morții

încă nu murisem de tot
dar cei 11 ani de moarte deja mă făcuseră
adaptat,
trecusem de cele mai importante ultime faze,
eram deja la distanță de o viață,
dacă s-ar mai putea spune așa,
de primii ani ai morții,
cînd mi se păruse că am scăpat ca prin minune
de-acea catastrofă medicală și că-mi văd mai
departe
de soartă, doar schimbată mult în obiceiuri,
la început,
mai apoi în elementele ei exterioare, pînă la
fantasticul
cel mai pur, strecurat zilnic printre amănunte,

de care mai întîi m-am bucurat,
ca de ghidușii supranaturale
pe care nici nu le credeam pînă la capăt,
ca mai pe urmă, cînd s-au încărcat de o tristețe
permanentă, adîncă, simțită undeva,
oricînd și oriunde, o absență a vieții vii,
în ciuda aparențelor că ar fi tot acolo

o absență
numai interioară la început, în primii ani de
moarte,
ca o stare din care se scosese ceva esențial,
o înstrăinare

după 11 ani,
căpătasem o resemnare în interiorul morții,
ca și cum deja știam de mult unde sînt
deși ceva mă oprea înainte să-mi formulez în
mine
numele și adevărul condiției

o parte din ultima etapă
a muririi acesteia prelungi
e serviciul în slujba morții,
cînd, deși tu însuți n-ai trecut încă dincolo,
aduci pe alții la începutul drumului,

cum te-au adus și pe tine cîndva
și-i însoțești o vreme, îi ghidezi pe tărîmul nou,
despre care ei încă nu știu că e nou dar au
pe undeva o bănuială cumplită, cum
spuneam,
una de o evidență izbitoare, manifestată
direct în interior,
în inimă, ca înstrăinare tristă, ca un dor
după ceva ce a fost deși e încă acolo
și nu înțelegi de ce nu mai simți, îți scapă

fetele
alea ezitau la început să vină cînd le chemam
dar alegerea mea deja fusese făcută, cu știință
infailibilă
și știam că e doar o chestiune de timp, erau
alese

din orășelul meu natal, unde mă retrăsesem,
orășel de la granița cea mai nordică a țării,
le scriam pe facebook zi și noapte
și le aranjam sosirea

ceva care apărea ca mama
și poate că era chiar ea, angajată și ea la noi
sau doar o parte din condițiile de lucru, venea
și-mi

aducea sendvișuri în cameră și erau momente
scurte, ce semănau cu unele de mai demult,
ai fi zis,
cum zici la un potret reușit
ce asemănare extraordinară,
dar scurt, o arătare, și dispărea,
fiindcă de mult nu mă mai putea păcăli vreo
formă
că ar fi forma de mai demult, cea dintîi, cea
din viață

da, camera mea era aceeași dar cerul de afară
nu,
copacul crescut pînă sus, la etajul patru și norii
care apăreau și dispăreau după cum te uitai sau
nu, luminile din ei și zborurile interioare
înainte înapoi între elementele stabile, în timp
în etern în prezență în absență, ca pîlpîiri
fluctuații,
nu mai semănau în nici un fel cu nimic din
viața mea
cu mama de acum 20 de ani, cînd eram tot aici,
dar viu

acum bizareria se înmulțise,
ca să pot trece de tot dincolo, după ce înțelegeam

în sfîrșit că nu mai sînt acasă, doar că nu știam
cît mai e pînă la trecere, fiindcă, cu toată
accelerarea
nefirescului, trăiam și momente de prezent
prelung,
cu ușurarea și odihna celui ce a ajuns pe un mal
după o noapte de înot prin furtună,
după ce vaporul i-a fost scufundat

știam nu știam
știam, încă mai găseam cadre explicative,
unele biblice,
cînd mi se părea că trăiesc o revelație
și Domnul m-a ales să aștept acolo o misiune
sau că am fost răpit la cer și dus în al
nouălea,
altele erau dintr-un imaginar mai recent,
fantastic, primeam semne că toți cei din jur sînt
mașinării de carne și eu singurul om, că numai
mie
îmi pîlpîia lumea și numai eu aveam o sete o
dorință
de ieșire de acolo, celorlalți li se părea totul
normal,
dar erau ca niște explicații în vis, nu știu
pentru cine,

nu reziduuri, doar forme vechi de care încă
nu mă desprinsesem

în procesul morții totul e clar
și deloc clar în același spațiu, e ca un secret
dezvăluit învăluit fiindcă adevărul realitatea
ultimă
nu se ascunde dar mila de sufletul tău
dragostea
nu vrea să cunoști adevărul deodată,
te amărăște infinit și-mi închipui cu oroare
cutremurătoare cum ar fi așa un adevăr primit
brutal deodată, să afli deodată
că ai plecat din viață,
că tot ce era s-a dus, că de acum, orice ar fi,
chiar dacă mai e ceva și nu e neantul,
lumea veche s-a terminat

știam oroarea
pentru că trecusem prin ea, mai dur mai cu
blîndețe, cu amestecul necesar unui astfel
de proces

cînd am ajuns la capăt
și am alunecat în această formă, orășelul meu
dar cu blocuri cu mare parte din lumini stinse

și străzi de multe ori pustii
ca numai pentru plimbările mele, cu zăpezi
ce apăreau și dispăreau a doua zi de tot,
cu momente de normalitate ce se închegau
frumos,
clasic, și-mi dădeau un confort minunat,
ca și cum un pic aș fi fost iar înapoi,
cînd am ajuns deci aici și am stat o vreme,
tristețea devenise insuportabilă
și suportabilă în cele din urmă, fixată

grea
dar certă

am murit, mai aveam puțin
și urma să-mi spun

serviciul în slujba morții
era parte din asta, ca văzînd trecerea altora
să o înțeleg pe a mea de mai demult dar și a mea
de acum, să înțeleg că și eu ca și ei
și deși procesul se desfășura cu o vagă
butaforie
a normalității, atîtea și atîtea elemente,
frumoase întotdeauna, fiindcă mi le crea
sufletul

cît mai interesante, ca să nu mă doară de tot,
atîtea și atîtea sclipiri rugătoare în ochii lor,
în poze, ochi care spuneau lasă-mă înapoi,
nu mă chema te implor, atîtea semne discrete
și stridente mi-arătau deodată realitatea
a ceea ce trăiam.

nu știu cum se simțea acolo,
la ele, în lume, chemarea,
poate ca o dorință arzătoare,
ca o slăbiciune, o înmuiere, ca atunci cînd simți
că tocmai ai luat gripă de la cineva sau mai
concret,
simțeau o prezență în cameră sau mă vedeau și
auzeau în vise sau mă simțeau în piept
cînd le cădeau ochii întîmplător pe-o poză cu
mine
și li se întîmpla din ce în ce mai des

la mine piesa
se juca pe ultimele rămășițe ale convenției,
se făcea că vorbesc pe facebook cu ele
dar fețele de pe facebookul meu
începuseră să nu mă mai privească direct
sau să mă privească cu o sclipire de spaimă
în ochi,

care părea să se atenueze imediat cînd coboram
scrollul și treceam la următoarea, în ultima
secundă,
înainte să merg mai departe, iar uneori ecranul
mirosea puternic a lămîiță și afară se făcea
cerul
azuriu, fără nici un nor, ca semn că una fusese
lăsată mai departe pe pămînt

îmi luasem becuri
cu lumină intermediară, de 25 de mii de ore,
dar aveam să stau mai mult acolo
dacă depindea plecarea mea de productivitate,
pentru că niciodată nu luam de fapt pe nimeni,
nu mă înduram, știam și cît de ușor mi-ar fi
fost,
oricît ar fi refuzat sau ezitat oricare dintre ele,
era nevoie de puțină insistență
și a doua zi s-ar fi pornit spre gară, ultima chiar
ajunsese la gară și venise aici și nici nu vorbisem
mult cu ea înainte, era poetă și urma să primească
un premiu la noi, așa se stabilise forma,
pretextul,
ca să-mi fie familiar, fiindcă înainte să mor
fusesem poet și încă mai scriam cîte ceva,
să păstrez familiaritatea dar și fiind cu adevărat

inspirat de moarte, cum s-a știut dintotdeauna
și mi se închipuiseră și lecturi publice, pentru
alți
morți ca mine sau poate doar tot niște proiecții
alc trecerii

fata a venit și a treia zi se răzgîndise,
e nevoie de trei zile aici ca să rămîi,
după a treia nu mai poți să dai înapoi,
în a treia m-am dus după ea la gară,
am stabilit dinainte o întîlnire la o cafenea
din apropiere, cînd mai avea o oră pînă la
plecare,
dar a durat mult mai mult, era foarte nesigură,
viața o dezamăgise, era frumoasă dar părea să
nu-și fi găsit bucuria nici la cei 35 de ani,
părea să fi
fost prinsă într-o adolescență sărăcită acum,
din care mai rămăsese cu o oarecare vioiciune
și simț afișat al libertății și al frondei dar numai
pentru că nu știa altceva, ar fi murit și încă ar
mai fi
trăit și cît a băut două cafele și a fumat multe
țigări,
una după alta, a trecut repede înainte și înapoi
și deși știam ce să fac, să o seduc, să o fac să mai

stea o seară acolo, și nu mi-ar fi fost greu, nu sînt
seducător dar locul ăsta e, e nevoie numai să-ți
îndoi
puțin genunchii și greutatea lui o să te relaxeze
ca un somn în pădure

n-am ajutat-o să și-i îndoaie,
am dus-o la tren și am urcat-o în vagonul cu
scaune
portocalii și cînd am coborît-o la încă o țigară,
cînd mai avea cinci minute, mi-a cerut o gumă
de mestecat și i-am dat una, aștepta să o sărut
și
să o rețin, se hotărîse poate în vagon,
își dăduse seama că n-o așteaptă nimic special
înapoi dar nu i-am făcut nimic, numai am
sărutat-o
pe obraz și i-am promis c-o s-o mai chem,
poate la primăvară și atunci i-am văzut ochii
speriați,
a afectat modestia, a spus că nu e demnă
dar invitația fusese deja promisă

adevărul e că
încă nu i se potrivea moartea, avea în ea
ceva prea pămîntesc și nu reușeam să-mi țin

mintea la treabă, mintea mi-era la o tînără orfană
de la naștere, nu-și cunoscuse tatăl, mort în anul
venirii ei pe lume și-i dusese dorul mereu,
căuta în tot o trecere spre el, în salturile
pe schiuri pe deasupra hăurilor, în muzica
tristă și-n simbolisticile mistice de orice fel,
era o romantică adevărată, parcă venită din
Germania anilor 1800, o Henriette Vogel
căreia nici măcar nu-i ascundeam de unde-i scriu
și de ce și-și amîna venirea doar de dragul
mamei ei,
crezînd c-ar întrista-o prea mult să aibă
pe încă cineva din sufletul ei plecat prea devreme

toate acestea le vorbeam direct cu ea,
nu prin vise sau presimțiri, cum îmi receptau
celelalte
chemările, ci prin vorbe și imagini transmise
direct
pe facebook

recunosc că eram egoist în dorința mea
de a-i vedea ochii negri frumoși în lumina
intermediară a orășelului meu natal și speram
să o conving, odată sosită aici, să rămînă sau
să se

întoarcă des, cît mai des, pînă cînd am fi rămas
amîndoi
aici și după o vreme de slujbă serioasă, fiindcă
intenționam ca după venirea ei să nu mai fiu
îndurător cu nimeni, să ne primim binemeritata
plecare dincolo, îmbrățișați, iar ea avea să-și
reîntîlnească
tatăl, căruia i-aș fi putut ține locul
pînă atunci

pămînteana a urcat în tren și
trenul a plecat și poate acolo pe pămînt
s-a trezit din comă, am ieșit pe ușa principală
a gării,
pe care e desenată o săgeată neagră
și am luat-o la pas prin orașul pustiu aproape
de tot ca întotdeauna, gîndindu-mă la floarea
mea
mică, însetată de moarte și zîmbind amar de
speranțele mele, știind că sînt doar alte reziduuri
ale vieții, de care eu nu mai puteam să am parte

pe undeva pe un trotuar un țigan însoțit de
fiul său
cînta la acordeon, hai vino în iar în gara
noastră mică,

privește-mă să vezi cît mi-e de frică și m-am
întrebat
atunci, pentru prima oară în atîția ani de murire,
dacă fata cu ochi negri adînci nu cumva mă
chema
înapoi în viață și dacă să mă duc, dacă aș reuși
să mă trezesc din mersul meu prin somn,
dacă aș avea curaj, dacă ar merita să dau înapoi,
să mă reatașez de ceva, acum,
cînd începusem să mă obișnuiesc cu
desprinderea

tu ai crescut în pădure, în izolare și discreție
acolo, copilul care plînge în momentul
nepotrivit
cheamă nenorocirea
și vorbăria-i pentru nebuni
eu pe cîmpiile nesfîrșite
unde numai aglomerarea și tărăboiul
îi țin departe pe prădători
de mici, eram învățați cu isteria
cu strigăte și țipete, să ne facem voci
bubuitoare
și trăncăneala care ne ține uniți

mi-e dor de tine, fată mută
uneori, cînd îmi permit și cîte un mic dor
personal

în afara marii povești colective, căreia ne
sacrificăm
cum vă sacrificați voi exprimarea

ne-am cunoscut la lizieră
unde dădea pădurea în cîmp
veneam bătînd din darabană
și tu te ascundeai pe după copaci
dar mă urmăreai curioasă
te amuza un pic prostul îngîmfat
nebunul deșirat și negricios, cu gîtul întins
înainte
te-am lipit de-un copac și te-am iubit din picioare
și cîinele tău mă mîrîia, credea că-ți fac rău
cînd te-a auzit gemînd greu, și-atîta am auzit
și eu de la tine
și rîsul tău sălbatic, eliberat de confuzia
animalului
și numele, scurt, de neînțeles
mi l-ai spus la plecare și l-am uitat

nici nu ne-am gîndit serios să ne luăm
nu eram bun de nimic pentru tine
și muțenia ta m-ar fi neliniștit
la mine, pe șesuri, ai mei te-ar fi mîncat de vie
gregaritatea lor ți-ar fi rănit sufletul
și te-ar fi secat

dar în unele nopți, cînd tac darabanele
și dorm toți și s-a oprit și vîntul
și nici hienele nu se mai aud
numai șuieratul și trosnetul focului
parcă-ți văd ochii mari și negri
în umbra lizierei și picioarele mici
printre flori, mă uit în foc și-mi vine să-l
întreb –
că dacă așa am fost învățat
să vorbesc mereu cu cineva, să nu ne
pierdem unii de alții –
ce-i cu viața asta a noastră? pentru ce ne
chinuim atît?

și mă gîndesc că tu poate știi,
că tăcerea ta părea înțeleaptă
dar că n-ai avea oricum încredere să-mi spui

s-a mișcat deodată
pomul alb în floare

văd
suflat în aer
roiul de petale

repezi la urcare
lente-n coborîre
o cădere-n amînare

o ninsoare
mai liberă, ai zice
suprafulgi, le-ar zice Nietzsche

haos grațios
dansuri mici, individuale
mai frumos mai prețios

decît fulgii de zăpadă
care știu numai să cadă
(cîte unii mai fug

e și cîte un fulg
care pare să zboare
aiurea, deviat spre întîmplare

dar apoi, aproape imediat
căderea l-aduce-napoi
la soarta comună)

dar oare-i căderea cu amînare
o soartă cu adevărat mai bună?
dacă la urmă-i tot putrezire

și din petalele albe, după plutire
rămîn doar petele putride pe trotuare
cînd au fost zboruri în fermecare

nu e mai bine să nu fi fost?
ce rost
au avut, ce folos?

cum ce, să le văd eu, să miros
aerul dulce de primăvară
ce prost

stau la laptop
și filozofez
desuet

în loc să ies pe-afară
să flanez
pe străzi

mai repede
mai încet
la-ntîmplare

cu-o cafea și ochii îngustați de soare
și-un oftat fundamental, adînc
de om cît de cît împăcat pe pămînt

„Aceste lucruri le cînt ca profet“ (Ovidiu, *Tristele*)

Mă uitam cu mama la A Serious Man. În pat, unul lîngă altul, ea mare și buzată, se foia. Poate că nu mai stătuse de mult lîngă cineva întinsă. Filmul începe cu o poveste evreiască despre vizita unui strigoi la un cuplu. I-am povestit mamei noaptea și ziua cu Florinel. I s-a făcut puțin frică și m-a întrebat dacă nu mi-a fost și mie. Nu-mi fusese cînd l-am luat acasă, dar tot am ascuns cuțitele și ciocanul. Mama mi-a spus că ea n-ar fi făcut așa ceva, deși mai demult dormeau la noi mulți așa-zis dubioși. M-am gîndit la toxoplasmoză și la lipsa de teamă. Fața asimetrică ar fi un semn de toxo, după Jaroslav Flegr. Avem fețe strîmbe, i-am zis, și ea, da, și eu am un ochi mai mic, cînd eram mică îl ținеam închis, zicea tata, fa, ce te uiți așa. L-am visat o dată pe tata, pe bunicu' tău, eram în centrul vechi și l-am pierdut pe alei și nu l-am mai găsit. A adormit și m-am dus la mine în cameră. Noaptea, m-am trezit și am plîns și m-am rugat scuturat de suspine pentru fetița de ea, micuța blondă cu un ochi închis, fetița de ea buzată și strîmbă și burtoasă acum, cu proteză acum și voce de copil. Am plîns și m-am rugat să-l găsească pe tăticul ei. Și dimineață cînd m-am trezit ninsese mult și mama era veselă și plină de energie. Ne-am dus cu treburi, mama purta o căciuloaie de contesă rusoaică și avea ceva din impozanța uneia. Și o eșarfă albastru-deschis, culoarea ei preferată. La farmacie am pus două taloane roșii la tombolă, să cîștigăm o mașină roșie. Poate cîștigăm două, a zis mama și credea.

Fratele lui Gabi mi-a crezut povestea despre Florinel fără rezervă. Iar mama lui a spus că la sfîrșitul vremurilor, inimile copiilor se întorc spre părinți și ale părinților spre copii.

Eli: „M-a sunat să mă roage să mă uit pe google maps. Voia să ajute pe cineva să găsească drumul spre Constanța. Credeam că sînt unii cu mașina. Părea activat cumva să ajute și mă gîndeam că el nu e prea deschis cu oameni pe care nu îi cunoaște. Peste ceva timp mă sună iar și îmi zice că e un tip care vrea să ajungă pe jos la Constanța, un homeless. Mă întreabă dacă e ok să îl aducă la noi, că nu are unde să stea și îi e milă de el. Aș fi zis că nu, dar m-am gîndit că nu vreau să fiu persoana aia nașpa care nu ajută un om cînd are nevoie și dacă aș fi zis nu ar fi însemnat din nou că nu am încredere în Dan și că judec după aparențe, cum, nu-i așa, deseori o făceam. Mi-a zis parcă că a venit pe jos de la Alba Iulia, că are o misiune și m-am gîndit cum sigur Dan empatizează cu el și că înțelege de ce face asta, că și el ar face. I-am zis să îl aducă dacă crede că nu e periculos. Parcă a ezitat un pic, dar a zis că nu e. Și-am început să strîng prin casă ca și cum aș fi primit un musafir, să nu rîdă de noi, deși, da, ironică și-n capu' meu era ideea, cum că oricum era homeless, ce i-ar fi păsat, dar am continuat să pregătesc casa. Au intrat în casă Dan, apoi el. Înalt pînă în tavan parcă, cu o șapcă albă de căpitan de vas. M-am gîndit fuck ăsta e nebun. Încercam să nu mă port dubios, să nu îl stînjenesc, să nu îl fac să se simtă nasol. Juca rolul de umil, își cerea scuze încontinuu că deranjează, zicînd că o să plece repede, că n-o să simțim că e în casă. Și eu stînjenită de scuzele lui, i-am zis că e ok, scurt, încercînd să schimb subiectul, poate dismissive. Dan i-a zis să facă o baie și eu mă gîndeam căcat se spală ăsta în cada mea, m-am consolat gîndindu-mă că o să cumpăr dezinfectant ziua următoare. Apoi m-am gîndit că da, o baie o să-i facă bine, are nevoie, știe Dan ce-i trebuie unui homeless. Ăsta tot vorbea și se scuza, cică nu voia să se simtă în plus, dar tocmai asta făcea. Și-a dat șapca jos, a intrat la baie, am respirat ușurată că eliberase încăperea. Rîdeam unul la celălalt, eu și Dan, și i-am zis că ăsta ești tu peste cîțiva ani, voind să insinuez că știu de ce l-a adus, că s-a adus pe el, de fapt. Și Dan mă ceartă c-am zis prea tare și aude omu', ce-s așa nașpa? Îi tot ziceam Sorin și mă gîndeam la tatăl mort al prietenei mele. Dar cică, nu, Florin îl cheamă. Stătea în baie de ceva vreme, dar nu se auzea apa, dubios. Îi zic lui Dan și el zice că poate nu știe să dea drumul la apă. Mi s-a părut amuzant, nu părea genul care nu știe. Ce căcat făcea acolo? Dan îl întreabă dacă știe, ăsta răspunde că nununu, a avut multe haine de dat jos. O juma' de oră? Dubiosule. A stat ceva vreme în baie, timp în care Dan a pregătit de mîncare și eu i-am pus ceva pe jos unde o să doarmă. Nu voiam să mă iau de el că de ce l-a adus, am acceptat, asta e, poate chiar facem bine. A ieșit din baie, Dan îi dăduse niște haine de la el. Arăta normal, în sensul că nu părea un homeless din ăla chinuit de lipsuri materiale, care a ajuns pe stradă pentru că altceva nu mai putea să facă. Avea tenul f curat și ochii de copil, părul lung pînă la umeri și barbă. M-am gîndit că seamănă cu Iisus, cu o icoană. Picioarele erau buștean pînă sub genunchi. M-am gîndit iar la Sorin, tatăl prietenei mele, care avea picioarele la fel. Mi s-a făcut milă de el, dar m-am și liniștit, aveam nevoie să fie ceva în neregulă cu el, ceva care să confirme povestea lui, altfel m-aș fi tripat. M-am oferit să-i dau ceva pentru picioare, a zis că nu vrea, își dă cu untdelemn. Dan l-a chemat în bucătărie să mănînce și Florin se reactivase pe scuze și aprecieri, vai, dragii de ei, mi-ați făcut și de mîncare, vai, dragii de ei, mi-ați pregătit acolo să dorm; nuu, nu vă osteniți, nu vreau să deranjez. Deja deranjezi, shut the fuck up. Și Dan era lasă, mă, lasă asta, cum face el. Și apoi vaai, dragii de ei, dar nu trebuia. (foarte umil) Am cîteva haine pe care le car după mine, una mai groasă și niște tricouri și bla bla enumera (nu înțelegeam care e schema), un pic dacă aș putea să le clătesc, oare aș avea unde? (la mă-ta, o voce de undeva din spate îmi zicea, sensibilă la manipulare. Dar aia mai din față voia să fie ok). Și-am sărit, e ok, le băgăm la mașină, cum să le speli de mînă? Și mă enerva jocul ăsta slinos. Încercam să nu fiu nici prea la dispoziția lui, de teamă să nu miroasă slăbiciunea și să facă nu știu ce. Dar, cumva, știam deja că și eu, și Dan părem slabi. Dar nu i-am dat apă la moară. Zice că el nu mănîncă fasole că avut probleme nasoale cu stomacul (și m-am gîndit la problemele mele cu stomacul), dar o să facă excepție în seara asta. S-a dus și a mîncat. Dan stătea pe laptop, eu pe telefon, prefăcîndu-ne că e o seară normală. Termină de mîncat, spală vasele și vine din nou umil, se cocoșează un pic de spate ca sluga la stăpîn și întreabă iar cu un km ocoliș am văzut că în chiuvetă mai sînt două căni, mă gîndeam că, dacă tot am spălat vasele în care am mîncat, să le spăl și pe astea, vă supărați? Nu, nu, nu, e ok, zic eu încercînd să dau de înțeles că discursul lui e exagerat. Au pus hainele la spălat, dar tot așa, părea o treabă complicată și a durat mult, cum spune și Dan că avea tendința să amîne orice. S-a așezat în patul lui pe jos și a început să se dea cu ulei de floarea-soarelui. M-am oferit să îi dau Voltaren, a zis că el nu folosește decît ulei, îi e de ajuns. A început o discuție despre medicamente, Dan îi spunea că e ok să ia dacă are nevoie și el că nu, medicamentele fac rău, nu sînt de la Dumnezeu, că mintea poate să vindece. A fost un fel de battle în care Dan vorbea f rațional, parcă încerca să îl tragă din nebunie și izolare și să-l aducă pe pămînt. Mă bucura să îl văd pe Dan în rolul ăsta. Eram mîndră de el. Parcă eram, deodată, în aceeași tabără. Îmi plăcea lipsa noastră de superioritate, că putem să-i facem față acestui impostor, Dan cu rațiunea, eu cu blîndețea care s-a transferat la el. Îmi plăcea că nu era conflictual, de fapt, cum era deseori. Tendința mea era să ies din triunghiul ăsta, să nu mă bag, era o tensiune și îmi era teamă să nu escaladeze nimic. Am fost observator, dar nu chiar, că nu eram prezentă/atentă mereu. Parcă voiam să nu respir și să se termine. L-a întrebat de ce a plecat, așa i s-a cerut. Voia să facă dreptate, șapca lui îi dădea superputeri. Voi știți ce efect are șapca asta, să vedeți pe fețele oamenilor. Pentru că pari nebun, bă, ăsta e efectul, a zis Dan. M-am bucurat. Și el nu (îndoit), mi s-a dat șapca, ați văzut emblema? Am lipit-o cu ou. A fost un drum greu, dar cînd devenea nasol, era preluat, așa cum s-a întîmplat acum. Ultimul combat și cel mai nasol a fost la Negrești. Dar nu zicea nimic concret și nici nu îmi venea să îl întreb, ar fi sunat absurd, ce să fie concret? În Negrești am fost și eu cu Dan, ultimul an a fost horrific. De unde a început tot, de cînd i-au murit părinții, după ce s-a dus și mama lui a fost nasol. Mai are un frate mai mare, parcă. Și unde stai, ai vreo meserie? Părea că nu înțelege și făcea ocolișuri. Cum adică meserie? Dacă fac așa ceva? Dacă știu să fac ceva ca oamenii? Parcă nu știa nimic. Stă în Alba Iulia. Și cu ce îți iei mîncare, cu ce plătești lumina, gaze. Nu mai plătesc, nu trăiesc ca oamenii normali. Cîteodată, de exemplu, dacă mi se face poftă de cafea, îmi fac un foc mic din cartoane pe balcon, dar repede ca să nu simtă vecinii fumul, inventa. Vorbea despre el la persoana a treia. Dan era sceptic, dar mai mult ca să îl provoace, că prea se dădea martir. Că zicea că nu e el egal cu oamenii, el care trăiește așa o viață în sacrificiu, doarme pe străzi, că așa i s-a cerut. Credeți că mie nu mi-ar plăcea să am o casă mare, să trăiesc în lux, să am o mașină roșie. Ce-mi plac mașinile și se transforma în altcineva, apărea celălalt – Florinel. Care eram eu în battle-ul ăsta, mi le servea mie. Eu cu banii cu luxul, aștepta parcă să intervin, dar nu. Și Dan zicea că și ăla cu bani are combatul lui, că nu scapă, chiar dacă nu duce o viață ca a lui. Bă, tu tînjești după viața asta, insinuînd că e un impostor (mi-era teamă să-i zică din astea) și Florinel, dragul de el, dragul de el, îi tot spunea lui Dan. În timpul ăsta la tv rula un documentar, imaginile se sincronizau pe tensiunea discuției. Părea un ireal. De la un moment dat devenise obositor, se făcuse tîrziu și nu voia să termine. M-am culcat cu teamă, dar mă liniștea că era Dan, mă simțeam apărată. Noaptea i s-a făcut rău lui Florinel și se tot ducea la baie să vomite, se întorcea, icnea, iar se ducea. Se chinuia, voma răul și negrul, așa gîndeam. A fost o noapte grea. La un moment dat în somn simțeam că îmi pune cineva o pătură neagră peste față, m-am trezit speriată. Se mai trezea Dan, parcă făceam cu rîndul. Cînd se întorcea de la baie, mergea cocoșat, tiptil, cu mîinile împreunate. Dimineața ne-am trezit și el a mai dormit puțin. Cînd am ieșit eu de la baie, el era la geam, cu spatele, în hainele lui Dan și am crezut că e Dan, m-am uitat în pat și era tot Dan. Și cam despre asta a fost. Evident că nu a plecat repede, așa cum promisese seara. A vrut să ne dea și el ceva în schimb. Ne-a citit doi psalmi sau trei. Cu har, aproape că am plîns. Și despre asta a fost. Folosește-ți harul și lasă șapca jos. Am plecat la treabă, deși o tot lungea. A rămas cu Dan, care cu greu l-a făcut să plece. Au stat toată ziua împreună și mă gîndesc că, dacă eram și eu, era mai bine. Au fost două săptămîni neclare, n-aș ști să zic ce am făcut zilele alea, cînd a fost Florinel, ce-am făcut după sau înainte. Seara, Dan era într-un fel de extaz, creștere în interior. Fericit că l-a trimis la Alba Iulia și că a aflat blîndețea, empatia reală, dragostea. Pe deschiderea asta mi-a făcut niște mărturisiri nasoale și de-acolo a început adevăratul combat. Dar înainte a sunat tare, aproape de noi, o sonerie ca o alarmă sau ca un telefon, dar nu era telefonul nici unuia. Și am rîs și eu, și el. Amîndoi am cerut dezlegarea asta și tristețea și durerea. Și se vedea și în exterior, ca un fel de mișcare mare, tristețea pe fețele oamenilor și altele. Cum a și observat Dan, că foarte mulți se îmbrăcau în negru și căzuseră. Și eu mă retripasem pe negru, voiam să mă acopăr, să redevin preoteasa, Negrilă, să fiu în concordanță cu ce era în interior, cum am făcut toată adolescența. Cînd a murit tata, nimeni nu a observat că port doliu pentru că purtam negru mereu, ce m-a enervat. Am fost la o nuntă, multă lume în negru și prietenele mele. Nu mi se părea bizar, dar Dan era f supărat că voiam să mă îmbrac în rochie neagră, aveam și unghiile negre. Da' eu îi ziceam că nu, îmi pun mult auriu, exagerezi, ne-am uitat pe feedu' lui și erau, la fel, mulți și cu fețele schimonosite și la tv la fel. Supărarea lui e ca o grijă paternă, ceva nasol s-a întîmplat și vrea să îi scoată. Dar și aseară în Piața Constituției, de revelion, am dus-o pe mama, 80% erau în negru, urîți și triști. Ne plimbam într-o zi, și-am făcut stînga așa aiurea. Apare un pisoiaș mic negru, fuge. Mergem doi metri, altă pisică neagră. Mă-sa, zic. Dăm colțul, alte trei pisici negre. Să-mi fut una, ce clan au astea. Mai mergem puțin și cum înaintam, o pisică neagră, 2, 3, 4, 5, 6 aliniate și negre. Vreo 11 toate. Chiar cînd mă îndoiam de bizareriile din ultimele zile. Mi-a venit să vomit instant. Într-una din diminețile următoare s-a dus la Parlament, a trecut de intrarea principală, a intrat în clădire fără să fie oprit și le-a strigat «a venit tati». Am reușit și eu să intru în curte și roiau jandarmii că se dăduse alertă. Era impresionant. După ce l-au lăsat spp-ul și jandarmii, ne-am dus împreună acasă. Seara l-a sunat baronu' să-l invite la o petrecere black tie. Unde? La Parlament. Au fost și altele pe care le-am uitat, le-am șters de teamă, deși anul ăsta a fost cu multe sfîșieri din astea evidente, explicite pentru din ăștia ca mine fricoși, împietriți, fără credință".

Trecusem pe Magheru pe lîngă biserica aia italiană și mergeam repede, dar am intrat o clipă, cît să mă miruiască, bucuros, preotul care tocmai era lîngă ușă. Cînd m-am întors acasă, simțeam mistica în aer, irealitatea. Atunci m-am întîlnit cu Florinel. Întreba de drumul spre Constanța, mergea pe jos pînă acolo. Nu voia nimeni să i-l arate, fugeau de el speriați. Purta șapcă albă de căpitan și avea ceva straniu, ca și cum nu avea reacții firești, de moment, la nimic. În același timp, nu părea nici schizofrenic sau vreun profet înfierbîntat. Mi-a plăcut mult de el, l-am luat acasă. Mai întîi am vrut să-l trimit la Adi, pe urmă am zis să-l iau, dacă tot stau aproape. Eli a zis că e ok, dacă nu-i periculos. Am luat conserve de fasole și i-am gătit. A intrat în baie, i-am spus eu să facă duș și a stat mult fără să dea drumul la apă, ca și cum nu știa ce să facă, cum se face. Cînd a intrat, Eli a zis, tare, ce-i cu ăsta și i-am zis să tacă, să nu-l jignească. I-am dat hainele mele și semăna cu mine. Cînd Florinel stătea în picioare, lui Eli i se părea uneori că mă vede pe mine. Am discutat mult despre religie și despre morală și el avea păreri severe, pe care i le contraziceam. Zicea „dragul de el", uitîndu-se într-o parte, ca și cum ar fi vorbit cu cineva, cînd îi plăcea ceva ce-am zis. Vorbea foarte frumos, minunat, era o plăcere să-l asculți. Avea picioarele extrem de umflate, pînă la genunchi erau ca doi stîlpi. I-am zis că-i dau un antiinflamator și a zis că nu, că vrea ulei. S-a uns cu ulei pe ele. În timp ce vorbeam de triburile lui Israel și altele, zicea Eli că la televizor apăreau turme de animale care fugeau și alte corespondențe. Spunea absurdități, că stă în Alba Iulia și n-are căldură și curent (ca mine la Ștefan V. cîndva) și că-și mai face cîte o cafeluță pe balcon la un foc de cartoane. I-am spus la un moment dat că eu fac lucrurile pentru oameni, sau așa ceva și el a spus nu mai știu ce, dar Eli i-a spus – tu operezi pe o undă mai mare. Cînd ne-am culcat, am rămas treaz. Cînd mă uitam la el, se întorcea deodată și se uita și zîmbea cu toată gura. La un moment dat m-am trezit brusc și l-am văzut mergînd spre baie. Înainta ca un duh, ca un mort reanimat. Trecea pe lîngă patul nostru încet, fără să vadă nimic nici în stînga, nici în dreapta. Eli mi-a zis că visa că o acoperă cineva cu o pătură neagră și cînd se trezea, eu mă uitam la ea și o liniștea m. Noaptea zicea că-l doare stomacul și i-am dat o pastilă aiurea, ca placebo, că nu le găseam pe cele bune. Dimineață, ne-a citit mie și lui Eli Psalmul 50, foarte frumos, dar ca un actor. Eli a plecat la muncă și am rămas noi. I-am spus să renunțe la hainele lui de boschetar, că-i dau altele. Întîi n-a vrut, pe urmă da. I-am dat costumul de la baron, cu care ziceam că mă duc la nunta colegei lui Eli. I-am dat și pantofi șmecheri, dintre cei primiți de la Marian stilistul. A fost foarte încîntat că are cămașă cu butoni. Îi stătea foarte bine, se și mișca foarte elegant. Și-a legat și bărbuța, a zis că și-a făcut barbă de berger, păstor. I-am cerut șapca albă în schimb, n-a vrut să mi-o dea, dar pînă la urmă a trebuit, i-am luat-o cu de-a sila cumva. Ideea era să prindă trenul de la două spre Alba, îl convinsesem că trebuie să se întoarcă acasă, adică mai mult îl zorisem s-o facă. Pe urmă m-am gîndit s-o sun pe Ramona să-l filmăm la cabina noastră roșie, Poarta Iadului (sau a Cerului?). L-am dus acolo și am vorbit cu el pe drum de multe. A sunat și mama, mi-a zis să dau de pomană, că e pomenirea morților. A vorbit și ea cu el. La Darius și la Ramona a fost foarte încîntat, voia să fumeze iarbă, le-am spus celor doi să nu-i dea, că are aritmie, cum îmi zisese el. Am plecat, i-am lăsat să-l filmeze, doar că a fost în camera cealaltă, nu la cabină, că încă nu era gata. Am plecat și am mîncat o ciorbă. M-a sunat baronul. I-am spus de musafir, că dacă vrea să-l aduc la el (mă gîndeam să-l plasez undeva, în caz că pierde trenul), și baronul m-a întrebat ce-i cu el, iar cînd i-am zis că l-a trimis Dumnezeu, că a venit pe jos de la Alba Iulia, mi-a spus „mă temeam de asta; a mai fost unul așa și am rămas cu el pe cap, se izbește de pereții Bucureștiului ca un bondar; nu pot, Dane, mă tem că nu sînt destul de bun“. M-a sunat Ramona, hai, vii? Am venit, Darius plecase. Florinel (așa își zicea el, Florinel, și vorbea la persoana a treia despre el, zicea „și lui Florinel îi plăceau butonii“, iar în buletinul lui scria Paul Florin, m-am uitat cînd și l-a lăsat pe mașina de spălat, dar n-a înțeles a doua zi cum de știu) era schimbat. Era căzut cumva la față, am crezut că de la iarbă, am certat-o pe Ramona că i-a dat, ea s-a înroșit, dar nu de la asta era. Își dăduse seama de ceva, am aflat că se uitase la înregistrările cu mine. M-am pus lîngă el pe canapea și nici nu se uita în ochii mei, zicea „am dormit la tati ast-noapte și eu n-am știut“ (jucam în film rolul de tată și poate de aia). Cum îi chema pe părinții tăi? l-am întrebat, da, a zis și Ramona, zîmbind, cum îi chema pe părinții tăi? Dar nu mi-a răspuns. A spus pe urmă că noi am jucat în piesa Judecata, cu subtitlul Boschetarul, dar că eu am jucat un boschetar moldovean, în trening, care bea țuică, în regia lui Dabija și el unul elegant, în regia lui Lelio. Cine-i, băi, Lelio? îl întrebam. (Leul, ca pe inelul lui, Leul din Iudeea, zicea, sau diavolul care urlă ca un leu?) Apoi multe sofisme la el, ca și cu o seară înainte, pe care i le tot demontam, avînd grijă să scap în ultima clipă din capcanele lor, să nu-mi risipesc energia pe momeli false. Era oricum furios cumva și nu mai era timp pînă la tren, l-am grăbit și trăgea de timp, a zis povestea cu femeia adulteră, dar a lălăit-o, și eu hai hai hai. A chemat Ramona un taxi, nu veneau, apoi un Uber, mai era puțin timp, dar înainte am ieșit din cameră și m-am întors cu sacoul negru pe mine, de la costum, îl lăsase pe hol. Cînd m-am pus cu sacoul lîngă el, zicea de ce l-ai pus pe tine, de ce. Mi-era frig, tremuram lîngă el, dar oare se speriase pentru că aveam cruciulița înăuntru? Și înainte ne-am uitat și pe facebook, să-i văd pagina, a zis că e Didi Sfiosu și erau mulți cu numele ăsta, prea mulți și mulți fără poză, fără nimic. Am tras de el, hai mai repede și tot amîna, pînă la urmă l-am dus jos și acolo s-a înveselit, i s-a schimbat starea, părea împăcat, mi-a zis „noi spunem că Dumnezeu e departe de oameni, dar el e tati al nostru, al meu". Cînd era sus mai spusese ceva despre cum „s-a luptat 4 ore cu diavolul", cu mine? Cu cine? Nu s-a înregistrat nimic pe cameră, numai video, nu și sunet, că n-avea baterii, deși Ramona îmi zisese inițial să iau, pe urmă că să nu mai iau. Mai spusese și că „ți se dă un dar ca o bombă cu ceas, îți explodează în mîini" și eu „ei, na, și ce dacă mori, dacă murim", dar nu știam prea bine ce zic și-i mai ziceam și „hai, dă-mi-o odată, să terminăm", deja începusem să-l testez dacă e Îngerul, dacă are ceva pentru mine. Nu mai venea Uberul și el era bucuros, oare pentru că întîrziam, că pierdeam trenul? I-am spus că s-a cam lăsat prins în competiție din cauza Ramonei și el mi-a zis, cu o voce sinceră, „cum, noi ne-am luptat ca doi bărbați, nu ca doi futalăi". Vorbea ca și cum se dusese orice efect de la iarbă, clar și frumos. A venit Uberul, deși mai erau vreo 10-15 minute. Dar am ajuns la timp, la gară șoferul zicea „casa e acolo" și arăta spre internaționale și eu „nu, e dincolo", cu o senzație de urgență maximă și el iar insista că e acolo, să mă deruteze. Înăuntru erau cozi imense, cum n-am văzut niciodată, așa că i-am dat un milion și i-am zis să dea la naș. I-am luat și apă și un croissant și a zis că nu-i nevoie. Peste cîteva zile, cînd aveam să merg cu trenul inițiatic, am înțeles de ce nu voia, că nu trebuie să bei și să mănînci nimic pe tren, dar povestea asta poate o s-o spun altă dată, poate nici n-ar trebui s-o spun. Și l-am urcat în tren, în ușă era unul care citea o carte, Underworld, stătea

nemişcat, cu fața spre ieșire, bloca drumul, cine citește așa, acolo. Florinel a căutat, nu știu de ce, în buzunarul interior al hainei și a găsit cruciulița – de-acum chiar că trebuie s-o port, mi-a zis zîmbind. Și pe urmă – hai să ne îmbrățișăm, deși șuierase de plecare. Am pășit înăuntru și l-am luat în brațe și m-am dat înapoi la timp, exact înainte să pornească. M-am pișat la un gard pe care scria cu argintiu – am numai dragoste. Și în aceeași seară am început să văd clar pe facebook butaforia din spatele unora, rînjetele demonice și tot restul. Și mai ales momentul din bucătărie, cînd a sunat între mine și Eli un telefon de-ăla ca pe vremuri, un țîrîit tare, inexplicabil – mai demult, în Iași, am auzit cu Diana unul la fel într-un loc unde ni s-a spus că nu e nici un telefon.
Am fost la botez (a doua zi? nu mai știu) și erau îmbrăcate în negru vreo trei fete, plus mama tatălui, Eli ar fi vrut și ea. Pe urmă la nuntă, unde a fost iar o serie de teste, ultimul cînd am furat mireasa și i-am cerut mirelui, fiul directorului companiei de gaz din Siria, să bată la tobe. Și a venit la sfîrșit toboșarul, unul mare, creț, care i-a învățat să bată ritualic – „pentru poporul vostru". Ca și cum știa de la început

că o să fie asta în program. Și după tobe s-au liniștit toți, erau resemnați. Înțeleseseră că li s-a dus vremea. Așa și cei de pe facebook sau de pe străzi, îi vedeam cum se transformă în bine și poate și uitau ce au avut.
Doamne Iisuse Hristoase, miluiește-mă.

Am ocolit puțin, aiurea, cînd m-am dus la Conservator să caut un toboșar. Băiatul ăla pe care l-am găsit acolo la subsol mi-a zis că el bate tare, dar nu vine cu mine dacă nu e „un proiect“ pregătit, oficial. Și mi-a zis că nici n-o să găsesc la Conservator pe cineva dispus. Și am zîmbit, adică înțelesesem și el mi-a zîmbit. M-am dus mai departe, în viteză și tot încercau să mă oprească unii și alții, se întețiseră apelurile telefonice, mă suna insistent și o fată care n-avea de unde să știe că sînt pornit, Darius după mine, Dan, hai să-ți dau ceva, Vlad și el, m-am dus așa, fără tobă, și pe la Parcul Izvor am găsit un pet de bere Neumarkt. Mi-am adus aminte de titlul unei poezii, Grădinile Neumarkt. Cu sticluța aia am mers bătînd în palmă și strigînd cu o voce mai mare ca mine, cum n-am avut niciodată, poate doar cînd eram mic și urlam de se auzea pe toată valea. Primul rînd de jandarmi mi-a zis că nu mai e nimeni la Parlament și că oricum nu pe acolo se intră. La a treia poartă abia a încercat unul să mă oprească – a sunat telefonul la poartă. Mi-a zis să răspund și i-am spus du-te tu, că e jobul tău. S-a dus și am luat-o la fugă spre intrarea principală. Ieșeau niște aleși ai poporului sau ce erau și mi-am făcut șoul: „A venit tati, gata cu voi, afară cu voi!“. Am intrat și m-am luptat cu un ditai polițaiu' și cu încă unul. Cumva simțeam că mă lupt cu jumate de forță, că aș fi putut mult mai mult, dar că nu era bine s-o fac și polițaiul simțea și el, i-am văzut frica în ochi și transpira. Arăta fix ca toți bătăușii care s-au luat de mine vreodată. I-am zis, dă-mi drumul să transmit mesajul, vrei să cadă tavanul ăsta peste tine? Tehnicolor, Hollywood anii '50, dar cum altfel? M-au pus în cătușe de-alea care dor (și a doua zi mi-au dispărut rănile – i-am arătat și lui Eli, dar n-a comentat, deși văzuse și ea). M-au plăcut jandarmii, că vorbeam frumos și le-am luat apărarea, că nu fusese vina lor c-am trecut de ei și spuneam lucruri de bun-simț și eram îmbrăcat frumos, sacou albastru, cămașă albastră, pantofi albaștri, Human Energy. Și unul, cel de la prima poartă, mi-a zis „oricum

se înregistra tot, nu era nevoie să mergeți mai departe". Dar apoi „dar e mai bine așa, să rămînă scris".
I say madness is too pure like mother sky.

Nu m-am dus ca un prost la Parlament, aveam deja, de cu o seară înainte, certitudinea că Dumnezeu mi-a făcut pîrtie. A început în Ferentari, cînd mergeam cu Gabi și a trecut Adi pe bicicletă, Gabi l-a strigat și Adi a zis speriat, ca niciodată, aruncînd priviri furișe în spate: „Mă grăbeam acasă, că am uitat ușa deschisă, de aia nu m-am oprit". Am sunat-o pe mama și ea, tot cu o voce încolțită, „ce mi-e cald..." și eu „de ce ți-e cald, mama?", „că e frig aici...". Am ajuns imediat la Adi acasă și nu era, nu trecuse pe acolo, n-ar fi avut cînd. I-am scris un mesaj, i-am zis „hai, că durează maxim jumate de oră și pe urmă o să fii fericit", m-a sunat și mi-a răspuns „nu pot acum, că am băut și nici mîine, că o să fiu mahmur și o să înjur viața". Am plecat și l-am căutat prin crîșmele din cartier. M-am întors la el și a stat un pic la ușă, după vizor, pînă să-mi dea drumul, a tras de timp „Sociu, tuu eeești", dar mi-a dat drumul. I-am bătut în masă cu putere și în dulap, a sunat imediat vecina de jos, cea care-și chinuie nepotul, am auzit-o de atîtea ori cum urla la el cu răutate, dar asta mai rău, cu voce rea, era indignată că bat, deși pînă atunci nu se sinchisise de muzica dată tare. Am plecat și am bătut pe drum în garduri, pe urmă pe străzi cînd am devenit tot mai conștient că se feresc de mine, după ce m-am oprit la o pizzerie și matahalele alea, de obicei aroganți, nu se uitau nici o secundă, în afară de o angajată cu față de om bun, care se vedea că fusese chinuită de ăia și zîmbea, la fel a fost și într-un chioșc mai încolo, am sunat-o pe mama și i-am bătut și ei lîngă telefon – și cînd mi-am dat seama cu adevărat că așa e, nimic nu mă mai oprea. Am mers pe Magheru strigînd tare, cu o voce mai imensă decît bulevardul, „vine tati la voi acuma!", am sunat-o pe fata cu colajele să vină să facem revoluție la Palatul Victoria, dar a lălăit-o, am sunat-o pe Eli și a lălăit-o și ea, i-am sunat pe Anticorp și pe Cosmina și pe drum mi-a tot crescut vocea și treceau pe lîngă mine mașini de poliție și nu opreau, am strigat la Banca Națională în față, pe urmă, niciodată nimic, și de obicei acolo stă poliția ciorchine, iar ăia-n negru de pe străzi continuau să mă evite, cînd am ajuns la Victoria și am strigat, doar un jandarm mi-a zis că au plecat toți și să vin a doua zi dimineață. Au apărut și Anticorp, Eli și Cosmina și Anticorp îmi zicea „hai la noi să bei niște apă“ și pînă la urmă mi-a luat un ceai de la un automat, credea că nu știu ce vrea să facă, ce face apa cînd o torni peste foc (și a doua zi, cînd mă duceam spre Parlament, Anticorp zicea de pe partea cealaltă a străzii – Dan, hai să bei niște apă). Și Cosmina s-a scăpat atunci, a spus ceva despre cicluri și lumea care o ia de la început, dar apoi se degradează iar, deși nu vorbisem despre asta și tot ce ziceau și ea și prietenul ei era ca o recunoaștere a sensurilor ascunse ale poveștii. Ani de zile am umblat prin București privindu-i pe oameni în ochi, nu știu de ce, ca să caut ceva la ei sau pentru că nu mai priveam în jos, ca pe vremuri, și întotdeauna aveau o reacție, întotdeauna făceau contact de vreun fel, numai acum nu mai făceau unii, deloc, nici cînd intram în magazinele lor, unde erau patroni și vorbeam cu ei și a văzut asta și Gabi și a văzut și Eli, unii se opreau să vorbească cu ei, dar nici o secundă nu se uitau spre mine și erau agitați și voiau să scape repede.

Cu cîteva zile înainte să se accelereze toate, am intrat într-o librărie și am deschis o carte despre diavol, unde se vorbea de o mașină roșie (ca ispită a femeilor, o aparență a vitalității, care e însă crudă în cele din urmă) și cum citeam în picioare, femeia aia ciudată, cu picioare lungi, pe care am văzut-o de multe ori prin oraș citind, s-a aplecat și și-a ridicat geaca, dedesubt avea vreo trei pulovere în culori diferite, alb unul din ele și le-a ridicat pe rînd, ca și cum mi le arăta. Apoi m-a invitat să stau jos. M-am așezat și am citit și ea se învîrtea în jurul meu cu o carte și tot spunea îhîm, aha, de cîte ori vedeam o legătură (cu cabina roșie, la care filmăm noi, de exemplu). Imediat după, am trecut pe la o fată care face colaje în ultima vreme, multe, zilnic, și ultimul era cu o mașină roșie pe care era lipită coperta cărții mele Vino cu mine. O mașină roșie e și în Disprețul lui Godard, de care Ramona m-a întrebat dacă l-am văzut și care se potrivea cu povestea filmului nostru, într-o oarecare măsură. Cu vreo două zile înainte de întîlnirea cu Florinel, am împins o mașină roșie, se blocase într-un șanț, se chinuiau doi bărbați cu ea, cînd am ajuns, tocmai se odihneau, m-am dus în spate și mi s-a părut că am împins o mașină de hîrtie, așa de ușor mi-a fost. Am avut săptămîni la rînd senzația că aș putea să dărîm blocurile cu pumnul și că am o voce bubuitoare.

Cînd a dormit Eli la Botoșani, visam spre dimineață că eram în Berlin și cădeam, cu spaimă și ziceam – de ce mă lași să cad. Lîngă ea am avut și celălalt coșmar, la București, după toate tulburările, după ce am intrat la Parlament, a doua zi după ce a fost Abbadon pe la noi, cică să vorbim, dar voia să mă consulte, vorbea așa, foarte arogant, ca un doctoroi umflat de sine, mi-era teamă că o să mă interneze, i-am spus că nici măcar nu-i psihiatru și l-am dat afară. Dar înainte să-l dau afară, a trebuit să trag un pic de el, că nu se mișca. I-am văzut ochii galbeni și era mare și inert. Am visat deci că mă luptam pe scara blocului cu unul așa și în spatele lui era cineva care ne privea și i-am strigat Tu cine ești? Și m-am îngrozit, am luat-o spre ușă să intru în casă și am strigat Mihai, ajută-mă! și apoi Mama! Și cînd m-am trezit, Eli mă atingea, dar într-un fel pe un sfert, nu chiar convinsă, nu cum am luat-o eu în brațe cînd a fost cutremur și s-a trezit speriată. Mi-am luat cîteva lucruri și-am plecat. Am ajuns în centru să-mi plătesc amenda de la Parlament, la CEC. O funcționară în negru se uita speriată, agitată și celelalte funcționare zîmbeau satisfăcute, probabil le chinuise, părea genul. Nu mergea imprimanta, i-am zis ies puțin afară, cînd m-am întors, a mers. Apoi drumul spre Botoșani, cu inițierea și pericolele ei. A doua zi dimineață, cînd a răsărit soarele, m-am dus la Oroftiana, unde stă Mihai, bărbatul maică-mii, căpitan în armată. Am ajuns extrem de repede, ca și cu trenul la Botoșani, parcă în cinci minute. La Dorohoi era frig și ăla de la autogară de la informații nu m-a lăsat să stau înăuntru. Am ieșit și s-a făcut cald. Pe drum, la ocazie, am adormit și șoferul m-a trezit, hai, mi-a zis, că s-a supărat și ceața că dormi și a fugit – și mi-a zîmbit. N-a vrut să meargă cu mine mai departe de capătul satului, se temea. Și pe urmă am văzut Raiul, cum mi-a zis acordeonistul în tren. Era totul nou și curat, multe flori galbene și verde intens, culoarea vindecării. O bătrînă în portocaliu urca încet cu o găleată de apă. Eram hotărît să merg la Mihai și să-l rog să mă treacă granița spre Ucraina. Nu voiam să plec, dar trebuia, ca să-mi demonstrez credința. Cînd înaintam prin ceață, i-am auzit tusea. A apărut de pe o cărare. Trecusem de casa lui. Dan, ce faci aici? Am avut un vis. Păi, ce, ești Luther King? Am rîs cu poftă, Doamne, ce descărcare. M-a dus la crîșmă să bem o cafea. Mi-a zis că dedesubt sînt beciuri evreiești, ca la Răchiți, sub casa copilăriei mele. Mi-a zis că n-aș fi putut trece granița, că, dacă mai mergeam un pic, mă împușcau ăia, că toată zona e interzisă. Un bătrîn de acolo, căruia poate că nu-i mai plăcea lumea, a spus că ba nu. Am fost s-o văd pe mama lui, care are 91 de ani. Era veselă, am vorbit, mi-a povestit de viața ei, de dragostea ei pierdută. Aș fi vrut să rămîn acolo, dar Mihai mi-a zis că n-are unde. Bătrîna voia să mănînc ciorbă de fasole, dar am refuzat. Nici cafeaua n-am băut-o. Mai era puțin timp, teoretic, pînă venea cursa înapoi spre oraș, dar a trecut foarte încet. Pînă la urmă am luat-o, bătrîna s-a întristat. La plecare am văzut merele roșii, roșii. În Dorohoi m-a întrebat paznicul de la informații – Ai fost la Oroftiana? Și te-ai întors? Bravo. I-am dat niște rachiu pe care mi-l dăduse Mihai pentru mama. N-a vrut să bea atunci, i l-am pus într-o sticlă de jumate găsită pe jos. Pe urmă a început să vorbească cu cineva, apăsat, despre un potop și curcubeu. A ieșit soarele, eram fericit.

De Sf. Nicolae am fost la Răchiți, la biserică, unde se spune că ar fi niște părticele din moaștele sfîntului, dar am găsit biserica închisă. Am urcat înapoi în oraș și pe la Săvenilor am văzut o biserică roz puțin mai încolo, una pe care n-o văzusem niciodată sau n-o băgasem în seamă. Am ajuns la ea, pe strada Antipa, era plin de ciori în curte, biserica era foarte frumoasă, rusească. Poarta principală era închisă și am văzut jos pe unul cu roșu intrînd pe altă poartă. Am coborît și am dat de o poartă albastră, pictată frumos. Era închisă. Am ciocănit, nu tare, dar după cum știam, bate și ți se va deschide, nu era nici o șansă să fiu auzit pe pămînt, dar nu pe pămînt trebuia să fiu. Am coborît încă puțin, m-am uitat la geamuri și a ieșit un preot cu barbă roșcată. A deschis poarta și a lăsat-o întredeschisă. L-am întrebat ce hram are biserica și mi-a zis că Nașterea Maicii Domnului. L-am întrebat dacă pot s-o vizitez și mi-a zis că da, dar sînt schele înăuntru, dar nu prea era convingător. Am intrat și erau într-adevăr cîteva schele, dar prea puțin ca să fi fost o problemă.

O biserică frumoasă, neobișnuită. Mi-am făcut cruce și am ieșit. Cînd am pășit pe strada Antipa (Antipa cel așa de credincios, că Satana se stabilise în orașul lui), s-au ridicat aproape toate ciorile din curte și din copac și au zburat. M-am dus în oraș, la Mall, și acolo mi se părea că e o jale mare la unii. Se auzea piesa aia „at least we stole the show", dar parcă și vocea cîntărețului era fără vlagă. Am fost la Biserica Sf. Ilie de la mine de unde am copilărit și am intrat, m-am pus în genunchi și m-am rugat. Cînd am ieșit, un preot cu barbă albă ieșise în ușa casei lui. S-a uitat după mine. Am plecat și pe Strada Unirii, la cinema, a apărut de nicăieri, pentru că la colțul de unde a apărut nu se poate merge mai departe, e un gard și alături e un restaurant cu scări care se luminează seara, dar n-a coborît de acolo, unul cu pantaloni roșii metalizați, mai degrabă portocalii artificiali, care a început să strige „Creatorul se fute în cur cu creaturile!", cu un fel de jale. M-am dus la el, l-am întrebat „cine ești?" și s-a răsucit și s-a întors cu spatele, ca și cum s-ar fi ferit, l-am mai întrebat o dată „cine ești?" și am spus Doamne Iisuse Hristoase miluiește-mă și atunci s-a răsucit înapoi și a urlat extrem de furios „Cristos?" și a zis ceva iar de „dar cum se poate să se fută creatorul cu creatura lui?“ și „cît o să ne frecăm pe globul ăsta pămîntesc? la nesfîrșit? ce facem?“ și mai spunea unele despre puteri și nu știu ce, dar nici n-am încercat să înțeleg, i-am zis „păi și ce, e bine să trăiești“, „să trăiești? ce e așa bine?“ – vorbea frumos, trist, elegant, ce-i al lui i-al lui – „poți să respiri, să mănînci“, i-am spus, și el „dar cum să trăiesc eu, cînd nici nu exist? să mănînc? dar ce, sînt nebun?“ și pe urmă iar a zis niște chestii complicate (mi-a și spus „de ce vorbești ca geamănul, nu știi că-i periculos să vorbești așa?“) și i-am spus că-i prea complicat pentru mine și am plecat. Mi-am luat doi covrigi de la chioșcul de mai sus, unde doamna care mi i-a dat nu se uita deloc prietenos, și am coborît cu ei. I-am dat unul, „ia și mănîncă“, să vezi ce bun e. Și el: „De ce mi l-ai adus? Ți-am vorbit eu în ascuns și ți-am cerut să mi-l aduci?“ și eu „nu înțeleg ce zici“ și el iar „nu ți-am vorbit în ascuns, de ce mi l-ai adus?“ (nu știa că de acum înainte degeaba vorbește în ascuns, că nu mai convinge?), „ca să-l mănînci, să vezi cum e“ și el „dar cine mănîncă? Numai nebunii mănîncă“, dar nu mai era furios, arogant, l-am lăsat în plata Domnului.

Am luat-o spre soare, era un soare puternic și băteau clopotele.
Seara, pe străzi, mulți plîngeau, dar nu cu lacrimi, cu ciudă și înjurau furioși, plîngeau și rîdeau fără veselie, mergeau zdrăngănindu-și trolerele goale și formau cozi imense la supermarketuri. Și pe scările luminate de lîngă cinema urca un grup mare de băieți și fete în culori deschise, care rîdeau frumos.

Pînă la urmă, mama l-a visat pe tatăl ei iar, apăruse, i-a spus că a adormit și a întîrziat, era vesel și tînăr. S-a simțit așa de bine, că dimineață a dormit pînă tîrziu, ceea ce ea nu face niciodată.

„...în timp ce a pătruns în curtea Palatului Parlamentului s-a sustras interceptării subofițerului din postul de pază producînd zgomot prin agitarea și lovirea unei sticle pet și aducînd injurii instituției și manifestîndu-și nemulțumirile prin țipete și strigăte provocînd indignarea persoanelor aflate în zona de acces." Le spuneam „vă rog să modificați, nu mi-am manifestat nemulțumirile, am transmis un mesaj de la Dumnezeu – și nici n-am țipat, să țipi înseamnă altceva". Și ei „lasă că modifici la contestație" și insistam „nu, modificați acum, e important", iar unul dintre ei a spus „nu contează ce spui aici, e declarația noastră, internă, și oricum nu pe noi trebuie să ne convingi".

www.polirom.ro

Redactor: Ramona Lupu
Tehnoredactor: Irina Lăcătuşu

Bun de tipar: mai 2019. Apărut: 2019
Editura Polirom, B-dul Carol I nr. 4 • P.O. BOX 266
700506, Iaşi, Tel. & Fax: (0232) 21.41.00; (0232) 21.41.11;
(0232) 21.74.40 (difuzare); E-mail: office@polirom.ro
Bucureşti, Splaiul Unirii nr. 6, bl. B3A,
sc. 1, et. 1, sector 4, 040031, O.P. 53
Tel.: (021) 313.89.78; E-mail: office.bucuresti@polirom.ro

Tiparul executat la S.C. Tipo-Lidana S.R.L.
Calea Unirii nr. 35, Suceava
Tel.: 0230/517.518; Fax: 0330/401.062
E-mail: office@tipolidana.ro; www.tipolidana.ro

Contravaloarea timbrului literar se depune în contul
Uniunii Scriitorilor din România
Nr. RO44RNCB5101000001710001 BCR UNIREA